철학자, 철학을 말하다
the Philosopher says

[about Thoth Aphorism]

'토트 아포리즘'은 문학과 철학, 예술 등 분야별 거장들의 명구를 담은 잠언집입니다. '인생은 짧고 예술은 길다'는 히포크라테스의 경구처럼 가장 짧은 문장으로 가장 긴 울림을 주는 촌철살인의 기지! 간결하면서도 강렬한 아포리즘의 영감들이 여러분의 창의성을 불꽃처럼 빛나게 해줄 것입니다.

엮은이 강신주

1967년 경남 함양에서 태어났다. 강단을 벗어나 대중 강연과 책을 통해 우리 시대의 인문학자가 되었다. 새로운 철학적 소통과 사유로 모든 사람이 철학자인 세상을 꿈꾸는 사랑과 자유의 철학자다. 연세대학교 대학원 철학과에서 「장자철학에서의 소통의 논리」로 박사학위를 받았다. 현재 출판기획사 문사철의 기획위원으로 활동하며, 다양한 곳에서 철학을 강의하고 있다. 저서로는 『철학이 필요한 시간』, 『철학, 삶을 만나다』, 『장자, 차이를 횡단하는 즐거운 모험』, 『상처받지 않을 권리』, 『철학적 시 읽기의 즐거움』, 『철학 VS 철학』 등이 있다.

철학자, 철학을 말하다

강신주 엮음

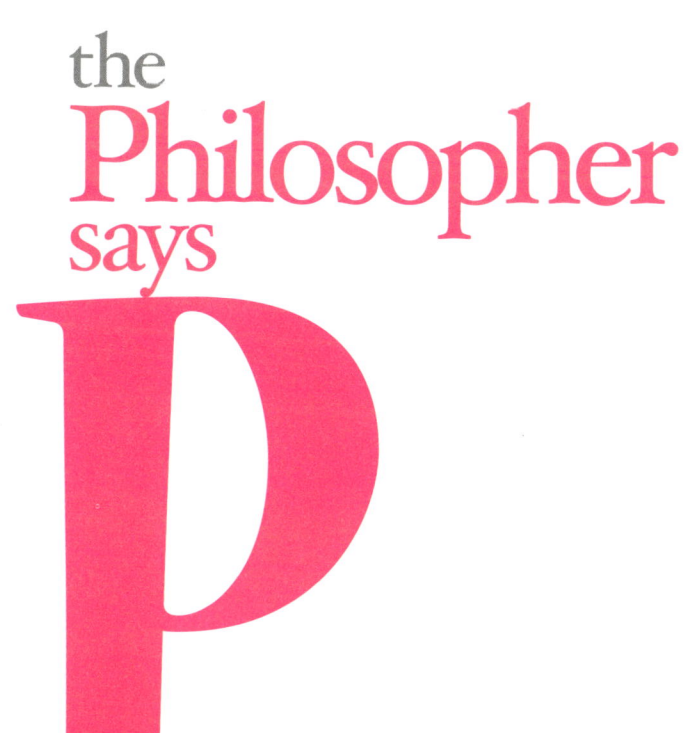

| 서문 |

"책은 우리 내면에 얼어 있는 바다를 내려치는 도끼 같은 것이어야만 한다."

제가 가장 좋아하는 작가 카프카Franz Kafka(1883~1924)의 말입니다. 얼음을 도끼로 내려치면 손이 찡하고 울립니다. 전기에 감전된 것과 같은 통증, 뼛속까지 파고드는 불쾌한 진동. 누구나 경험해 보았을 겁니다. 얼음을 내려치는 것과 같은 책이 우리에게 필요합니다. 더 우리를 힘들게 만들고, 더 우리를 자극할수록 좋습니다. 그래야 매너리즘에 빠져 있는 자신에서 벗어나서 새로운 삶을 꿈꿀 수 있을 테니까 말입니다.

도끼에서 가장 중요한 부분은 서슬이 퍼런 도끼날일 겁니다. 책도 마찬가지입니다. 책 안에 들어 있는 모든 구절과 문장이 동등한 위상을 가지고 있지는 않기 때문이지요. 책에도 도끼날처럼 날카로워 우리의 마음에 핏빛 상처를 만드는 핵심 구절이 반드시 있게 마련입니다. 어쩌면 우리가 한 권의 책을 꼼꼼히 읽는 이유도 여기에 있는지 모를 일입니다. 결코 잊기 어려울 만큼 우리 영혼을 뒤흔드는 한두 구절을 발견하지 못한다면, 책을 읽지 않는 것과 진배가 없으니까 말입니다.

저는 철학자입니다. 한 명의 철학자는 철학 책을 진지하게 읽으면서 탄생하는 법입니다. 지금까지 수많은 철학 책들을 읽었습니다. 그렇지만 지금 제가 기억하고 있는 것은 책 전체가 아니라 책에 등장하는 몇 몇 구절뿐이었습니다. 씻을 수 없는 깊은 상흔을 만들어 저의 사유를 자극했던 구절들이라고 할 수 있습니다. 하나둘 모아보니 대략 170개의 구절로 정리가 되더군요. 얼음을 내려치는 도끼처럼 제게 통증을 주었던 것들이지만, 아직도 그 전율은 여전하기만 합니다.

  여러분이 들고 있는 이 작은 책은 어떤 철학자의 사적인 노트, 혹은 작은 철학적 비망록이라고 할 수 있습니다. 그러니까 이 책은 근본적으로 저만을 위한 책이라고 할 수 있습니다. 그럼에도 이 책을 출간한 이유는 다른 데 있는 것이 아닙니다. 나를 울렸던 구절들이라면, 충분히 다른 이들도 울리지 않을까? 그래서 철학적인 삶을 사는 데 조금이라도 도움이 되지 않을까? 이런 생각으로 책으로 묶게 되었습니다. 제가 그랬던 것처럼 여기에 묶은 구절들 중 어느 하나가 여러분의 영혼에 깊은 상처를 남기기를 기대하면서 말입니다.

— 강신주

The Philosopher Says

철학자가
자신이 말하는 대로 살아야 한다는 소명을 받았다면,
그의 과제는 비판적 의미에서 그 이상의 것이다.
즉 살아온 대로 말해야 한다는 것이다.

– 페터 슬로터다이크 (1947~)

If philosophers are called on to live what they say,
their task in a critical sense is much more:
to say what they live.

Peter Sloterdijk (1947-)

안이건 밖이건 만나는 것은
무엇이든지 바로 죽여 버려라.
부처를 만나면 부처를 죽이고,
조사를 만나면 조사를 죽이고,
나한을 만나면 나한을 죽이고,
부모를 만나면 부모를 죽이고,
친척을 만나면 친척을 죽여라.
그렇게 한다면 비로소 해탈할 수 있을 것이다.

− 임제 (1549~1587)

向裏向外 逢著便殺 逢佛殺佛 逢祖殺祖 逢羅漢殺羅漢
逢父母殺父母 逢親眷殺親眷 始得解脫

臨濟 (1549-1587)

The Philosopher Says

우리는 결코 시작하지 않는다.
우리는 결코 백지가 아니다.
우리는 중간으로 미끄러져서 들어간다.
우리는 리듬들을 취하거나 아니면
리듬들을 부여하기도 한다.

– 질 들뢰즈 (1925~1995)

One never commences.

One never has a tabula rasa.

One slips in, enters in the middle.

One takes up or lay down rhythms.

Gilles Deleuze (1925-1995)

나는 이렇게 말할 수 있을 것이다.
만일 내가 도달하고자 하는 곳이 오직
사다리를 통해서만 올라갈 수 있다면,
나는 거기에 도달하려는 것을 포기할 것이다.
왜냐하면 내가 정말로 가야만 하는 곳,
그곳에 나는 원래 이미 있지 않으면 안 되기 때문이다.

- 비트겐슈타인 (1889~1951)

I might say: if the place I want to get to could only be reached by way of a ladder, I would give up trying to get there. For the place I really have to get to is a place I must already be at now.

Ludwig Wittgenstein (1889-1951)

The Philosopher Says

꿈을 꿀 때 우리는
자신이 꿈꾸고 있다는 것을 알지 못하고,
꿈꾸고 있으면서 꿈속에서 꾼 어떤 꿈을 해석하기도 한다.
우리는 깨어나서야 자신이
꿈을 꾸고 있었다는 것을 알게 된다.
단지 완전히 깨어날 때만,
우리는 이것이 완전한 꿈이었음을 알게 될 것이다.

- 장자 (BC 369~BC 289)

方其夢也 不知其夢也 夢之中又占其夢焉
覺而後知其夢也
且有大覺而後知此其大夢也

莊子 (BC 369-BC 289)

옛날 사람들은 한 개의 터럭을 뽑음으로써
천하가 이롭게 된다고 하여도 뽑아 주지 않았고,
천하를 다 들어 자기 한 사람에게 바친다 하더라도
받지 않았다. 사람마다 한 개의 터럭도 뽑지 않고,
사람마다 천하를 이롭게도 하지 않는다면
천하는 다스려질 것이다.

– 양주 (BC 440~BC 360)

古之人 損一毫利天下 不與也 悉天下奉一身 不取也
人人有損一毫 人人不利天下 天下治矣

楊朱 (BC 440-BC 360)

사랑이란 만남의 영향 아래
내가 그 만남에 실질적으로 충실하고자 한다면,
나의 상황에 '거주하는' 나 자신의 방식을
머리끝에서 발끝까지 바꾸어야만 한다는 사실은 명백하다.

– 알랭 바디우 (1937~)

It is clear that under the effect of a loving encounter, if I want to be really faithful to it, I must completely rework my ordinary way of 'living' my situation.

Alain Badiou (1937-)

우리는 마찰이 없는 미끄러운 얼음판으로
잘못 들어섰던 것이다.
어떤 의미에서 그 조건은 이상적인 것이었지만
그로 말미암아 우리는 걸을 수 없게 된 것이다.
그러므로 마찰이 필요하다.
거친 땅으로 되돌아가자!

– 비트겐슈타인 (1889~1951)

WE HAVE GOT ON TO SLIPPERY ICE WHERE
THERE IS NO FRICTION, AND SO,
IN A CERTAIN SENSE,
THE CONDITIONS ARE IDEAL, BUT ALSO,
JUST BECAUSE OF THAT, WE ARE UNABLE TO
WALK. WE WANT TO WALK,
SO WE NEED FRICTION.
BACK TO THE ROUGH GROUND!

LUDWIG WITTGENSTEIN (1889-1951)

The Philosopher Says

대개 사람들은 모두 물을 밟으면 반드시 빠진다는 것,
그리고 불을 밟으면 반드시 불이 붙는다는 것을 안다.
지금 어떤 사람에게 물과 불을 밟으라고 해보아라.
그는 결코 밟으려고 하지 않을 것이다.
그것은 다른 이유가 있는 것이 아니라
그것이 위험하다는 것을 진짜로 알고 있기 때문이다.

– 주희 (1130~1200)

凡人皆知水蹈之必溺 火蹈之必焚
今試敎他去蹈水火
定不肯去 無他 只爲眞知

朱熹 (1130-1200)

모든 사람이 알고 있는 것처럼
주종관계란 사람들의 상호의존과
그들을 결합시키는 서로의 욕구가 있지 않으면
성립되지 않는다.
그러므로 어떤 사람을 복종시킨다는 것은,
미리 그를 다른 사람 없이는 살아가지 못하는 처지에
두지 않는 한 불가능한 일이다.

– 루소 (1712~1778)

Every one must see that as the bonds of servitude are formed merely by the mutual dependence of men on one another and the reciprocal needs that unite them, it is impossible to make any man a slave, unless he be first reduced to a situation in which he cannot do without the help of others.

Jean-Jacques Rousseau (1712-1778)

The Philosopher Says

서암 사언 화상은 매일 자기 자신을
"주인공!" 하고 부르고서는
다시 스스로
"예!" 하고 대답했다.
그러고 나서 "깨어 있어야 한다! 예!"
"남에게 속아서는 안 된다! 예! 예!"라고 말했다.

– 무문 (1183~1260)

瑞巖彦和尙 每日自喚主人公
復自應諾 乃云 惺惺着 喏
他時異日 莫受人瞞 喏喏

無門 (1183-1260)

역사의 진보와 마찬가지로 학문의 진보도
항상 그때그때의 일보만이 진보이며
2보도 3보도 n+1보도 결코 진보가 아니다.

– 발터 벤야민 (1892~1940)

SCIENTIFIC PROGRESS-LIKE HISTORICAL PROGRSS-
IS IN EACH INSTANCE MERELY THE FIRST STEP,
NEVER THE SECOND, THIRD, OR N+1.

WALTER BENJAMIN (1892-1940)

The Philosopher Says

소동에 의해서든 아니면 음악에 의해서든
또는 도움을 요청하는 외침에 의해서든
진리는 화들짝, 돌연한 일격을 당한 듯
자기 침잠에서 깨어나기를 바란다.
진정한 작가의 내면에 갖춰져 있는 비상경보기를
헤아릴 수 있을까?
'집필한다'는 것은
그런 비상경보기를 켠다는 것에 다름 아닐 것이다.

— 발터 벤야민 (1892~1940)

Abruptly, if struck, truth likes to be roused from self-absorption, startled, whether by a loud noise, whether by music, whether by cries for help.
They are countless, surely, the alarm bells with the true writer's inner self is fitted?
And 'writing' simply means priming them to go off.

Walter Benjamin (1892-1940)

The Philosopher Says

모든 것을 알려는 사람은 물을 좋아하고,
모든 것을 품어주려는 사람은 산을 좋아한다.
모든 것을 알려는 사람은 바삐 움직이고,
모든 것을 품어주려는 사람은 고요한 법이다.

– 공자 (BC 551~BC 479)

知者樂水 仁者樂山
知者動 仁者靜

孔子 (BC 551–BC 479)

The Philosopher Says

우리는 때때로 동물들은 말하지 않는다고 하면서,
동물들이 정신적 능력이 없기 때문이라고 그 이유를 댄다.
즉 "동물들은 생각을 안 해,
그러니까 그들은 말을 안 하는 거야"라고.
그러나 동물들은 그냥 말하지 않을 뿐
거기에 다른 이유란 없다.

— 비트겐슈타인 (1889~1951)

It is sometimes said that animals do not talk because they lack the
mental capacity. And this means: "they do not think,
and that is why they do not talk." But they simply do not talk.

Ludwig Wittgenstein (1889-1951)

The Philosopher Says

거짓된 인문학은 '옳은 것은 옳지만 현실적이지 않다',
'옳은 것은 나의 삶과는 무관한 이상적인 것일 뿐이다'라고 주장하며,
마침내 '옳은 것은 그른 것이다'라는 결론을 유도한다.
거짓된 인문학의 유혹에 빠지는 순간,
우리는 자신의 삶도 돌보지 못하는 무기력한 방관자가 될 것이며,
우리의 삶도 조금도 개선되지 않게 될 것이다.

- 강신주 『철학이 필요한 시간』 중에서

The Philosopher Says

상품의 교환은 공동체들의 경계선에서,
즉 공동체가 다른 공동체 또는
그 구성원들과 접촉하는 지점에서 시작된다.
그러나 생산물들이 일단 한 공동체의 대외 관계 속에서
상품이 되기만 하면, 그것들은 반사적으로
그 공동체 내부에서도 상품이 된다.

— 마르크스 (1818~1883)

The exchange of commodities begins where
communities have their boundaries,
at their points of contact with other communities,
or with members of the latter. However,
as soon as products have become commodities in
the external relations of a community,
they also, by reaction, become commodities in the
internal life of the community.

Karl Marx (1818-1883)

The Philosopher Says

사물은 그렇게 불러서 그런 것이고,
길은 걸어 다녀서 만들어지는 것이다.

- 장자 (BC 369~BC 289)

物謂之而然 道行之而成

莊子 (BC 369-BC 289)

The Philosopher Says

행복하다는 것은 놀라지 않고
자기 자신을 들여다보는 것이다.

- 발터 벤야민 (1892~1940)

**To be happy means to be able to look into oneself
without being frightened.**

Walter Benjamin (1892-1940)

The Philosopher Says

반대, 탈선, 유쾌한 불신, 조롱하는 습관은
건강하다는 신호들이다.
무조건적인 모든 것은 병리학에 속하는 것이다.

– 니체 (1844~1900)

The objection, the side leap, light-hearted mistrust, the pleasure in mockery are signs of health. Everything that is unqualified belongs to pathology.

Friedrich Wilhelm Nietzsche (1884-1940)

어떤 단어가 어떤 것을 의미하는 그런 것은 있을 수 없다.
우리의 새로운 적응 행위는
그 하나하나가 모두 어둠 속에서의 도약이다.
현재의 의도는 그 어떤 것이든
우리가 선택할지도 모르는 어떤 것에 맞도록
해석될 수 있는 것이다.
그래서 맞는 것도 없고 부딪치는 것도 없다.

— 크립키 (1940~)

There can be no such things as meaning anything by any word. *Each new applications we make is a leap in the dark.* Any present intention could be interpreted so as to accord with anything we may choose to do. So there can be neither accord, nor conflict.

Saul Kripke (1940-)

당신이 옛날이 존재한다고 믿는다면
그것은 엄청난 착각이다.
옛날은 단지 바로 지금에서 출현하기 시작하는 것이다.

– 노발리스 (1772~1801)

You are very much mistaken if you believe that there are antiquities. Antiquity is only now beginning to emerge.

Novalis (1772-1801)

The Philosopher Says

세상의 일은 모두 나 자신의 일이며,
나 자신의 일은 곧 세상의 일이다.

- 육구연 (1139~1192)

宇宙內事是己分內事
己分內事是宇宙內事

陸九淵 (1139-1192)

The Philosopher Says

'이성'은 감각들의 증거를 날조하도록 만드는 원인이다. 감각들이 생성, 소멸, 변화를 보여줄 때, 그것들은 결코 거짓말을 하지 않는다.

− 니체 (1844~1900)

'Reason' is what causes us to falsify the evidence of the senses. If the senses show becoming, passing away, change, they do not lie.

Friedrich Wilhelm Nietzsche (1844-1900)

정신은 큰 변화를 받아서
때로는 한층 큰 완전성으로,
때로는 한층 작은 완전성으로 이행할 수 있다.
이런 수동적인 이행 상태가 우리에게
기쁨과 슬픔이란 정서를 설명해준다.

– 스피노자 (1632~1677)

The mind can undergo many changes, and can pass sometimes to a state of greater perfection, sometimes to a state of lesser perfection. These passive states of transition explain to us the emotions of pleasure and pain.

Baruch de Spinoza (1632-1677)

The Philosopher Says

그런 차이나는 성질들의 대립들은,
논리학이 정의하는 것처럼, 진정한 이원적 대립들이다.
다시 말해 대립의 항들 각각은 반드시
자신의 반대를 함축하는 그런 대립들이다.
따라서 닫힘이란 관념은 오직
열림이란 관념에 의해서만 대립되고,
앞면과 뒷면도 서로가 서로를 함축한다, 등등.

– 야콥슨 (1896~1982)

The oppositions of such differential qualities are real
binary oppositions, as defined in logic, i.e.,
they are such that each of the term of the
opposition necessarily implies its opposite.
Thus, the idea of closure is opposed only by
the idea of openness, the front and back features
mutually imply each other, and so on.

Roman Jakobson (1896-1982)

The Philosopher Says

온전한 삶이 가장 위이고,
부족한 삶이 그 다음이며,
죽음이 그 다음이고,
핍박받는 삶이 가장 아래다.

– 화자 (1890~1947)

全生爲上 虧生次之 死次之 迫生爲下

華子 (1890–1947)

The Philosopher Says ———————————————

모든 종교는 공포의 토대 위에 세워졌다.
악천후, 천둥, 폭풍 등이 이런 공포의 원인이다.
자연 현상에 대해 무력감을 느낄 수밖에 없었던 인간은
자신보다 강한 존재에게서 도피처를 찾고자 했다.
나중에 가서야 야망을 가진 사람들,
교활한 정치가와 철학자들은
사람들이 쉽게 믿는 경향을
자신들에게 유리하게 이용할 줄 알게 되었다.

— 장 바티스트 드 브아예 (1704~1771)

All religions are erected on the ground of fear.
Gales, thunder, storms … are the cause of this fear.
Human beings, who felt impotent in the face of such natural events, sought refuge in beings who were stronger than themselves. Only later did ambitious men, artful politicians and philosophers begin to take advantage of the people's gullibility.

Jean-Baptiste de Boyer (1704-1771)

하늘과 땅이 형성되면서 사람들이 생겨났다. 그때는 사람들이 다만 자기 어머니를 알 뿐 아버지는 알지 못하였다.

- 상앙 (BC 390~BC 338)

天地設而民生之
當此之時也 民知其母而不知其父

商鞅 (BC 390-BC 338)

The Philosopher Says

자아가 없는데 어찌 자아의 소유가 있을 것인가.
자아와 자아의 소유라는 생각을 진정시키면,
우리는 '나'나 '나의 것'에 집착하지 않을 수 있다.

— 나가르주나 (150~250)

If there were no self, where would the self's be? From the pacification of the self and what belongs to it, one abstains from grasping onto 'I' and 'mine'.

Nagarjuna (150-250)

The Philosopher Says

우리의 무지가 시작되는 지점에서,

다시 말해

우리가 그 이상 이해할 수 없는 지점에서,

우리는 말을 만든다.

– 니체 (1844~1900)

We set up a word at the point at which our ignorance begins, at which we can see no further.

Friedrich Wilhelm Nietzsche (1844-1900)

The Philosopher Says

날카로움을 제거하면 칼날은 존재하지 않고,
칼날을 제거하면 날카로움은 존재할 수 없다.
칼날이 없는데도 날카로움이 존재한다는 것을
아직 들어보지 못했는데,
어찌 육체가 없어져도 정신이 존재한다고
설명하는 것인가?

– 범진(450~515)

捨利無刃
捨刃無利
未聞刃沒而利存
豈容形亡而神在

范縝(450-515)

The Philosopher Says

여우와 같은 사람은 많은 것을 알지만,
고슴도치와 같은 사람은 큰 것 하나만 안다.

– 아르킬로코스 (BC 680~BC 645)

The fox knows many things, but the hedgehog knows one big thing.

Archilochus (BC 680-BC 645)

The Philosopher Says

불교의 진리에는 빠름과 느림의 구분이 없지만,
사람에게는 영리함과 우둔함의 구분이 있다.
우둔한 사람에게는 단계적으로 닦도록 가르치지만,
깨달은 사람은 곧장 바로 닦는다.
자신의 본심을 아는 것이 바로 자신의 본성을 보는 것이다.

- 혜능 (638~713)

法無頓漸 人有利鈍
迷卽漸勸 悟人頓修
識自本心 是見本性

慧能 (638-713)

어떤 것을 제대로 보기 위해서는
그것에 거리를 두어야 하는 것처럼,
삶을 제대로 영위하기 위해서는 철학적 사유를 통해
삶을 낯설게 만들어야 한다.

- 강신주 「철학, 삶을 만나다」 중에서

실존은 본질에 앞서서 온다.
혹은 당신이 다른 표현을 원한다면,
우리는 반드시 주관적인 것에서부터 시작해야만 한다.

– 사르트르 (1905~1980)

Existence comes before essence. Or if you will, we must begin from the subjective.

Jean Paul Sartre (1905-1980)

The Philosopher Says

경쟁하는 해석들이 서로 갈등할 때만 우리는
해석해야만 할 어떤 것을 발견하게 된다.
하나로 통일되어 있는 존재론은
완전히 분리된 존재론만큼이나 우리의 방법으로는
접근 불가능한 법이다.

– 폴 리꾀르 (1913~2005)

**It is only in a conflict of rival hermeneutics
that we perceive something of the being to
be to interpreted.
A unified ontology is as accessible to
our method as a separate ontology.**

Paul Ricoeur (1913-2005)

하나와 여럿은 완전히 서로 포섭하기 때문에
하나의 조그마한 티끌만 보아도 전체가 갑자기 나타나며,
이것과 저것은 서로 받아들이기 때문에
가느다란 머리카락 하나만 보아도
모든 사물이 함께 나타난다.

— 법장(643~712)

一多全攝 窺一塵所以頓彰
彼此相收 瞻纖毫以之齊現

法藏 (643–712)

내 입장은
텍스트들이란 세속적이며,
어느 정도는 사건들이고, 그리고 그것들이 설사
그것을 거부하는 것처럼 보일 때조차도 여전히
사회적 세계, 인간의 삶,
그리고 물론 그 역사적 순간들의 한 부분으로서
그 속에 자리를 차지하며 또 해석된다는 것이다.

– 에드워드 사이드 (1935~2003)

My position is that texts are worldly, to some degree they are events, and even when they appear to deny it, they are nevertheless a part of the social world, human life, and of course the historical moments in which they are located and interpretated.

Edward Said (1935-2003)

'신'이라는 개념은 삶의 반대 개념으로 창안되었다.
해롭고 독살스러우며 비방적인 모든 것,
결국 삶에 대한 증오심이 무시무시한 단일체가 되어
'신'이라는 개념에 집약되었다.
'피안', 즉 '진정한 세계'라는 개념은
실제로 존재하는 유일한 세계를
몰가치화할 목적에서 창안되었다.
달리 말해 실제로 존재하는 이 땅에
어떤 목표, 어떤 존재 이유,
어떤 과제도 두지 않기 위해서 창안되었다.

– 니체 (1844~1900)

The concept of 'God' invented as a counter-concept of life-everything harmful, poisonous, slanderous, the whole hostility unto death against life synthesized in this concept in a gruesome unity! The concept of the 'beyond', the 'true world' invented in order to devaluate the only world there is-in order to retain no goal, no reason,
no task for our earthly reality!

Friedrich Wilhelm Nietzsche (1844-1900)

The Philosopher Says

세상에 물보다 더 약한 것은 없지만
굳고 강한 것을 공격하는 데
물을 이길 수 있는 것은 없다.

– 노자 (BC 570~BC 479)

天下莫柔弱於水
而攻堅强者莫之能勝也

老子 (BC 570-BC 479)

The Philosopher Says

인간은 자신의 역사를 만들지만,
그들이 생각한 대로 만드는 것은 아니다.
자신이 선택한 환경 아래가 아니라 바로 눈앞에 있는,
주어지고 물려진 환경 아래서 만드는 것이다.
모든 죽은 세대의 전통이 살아 있는 자의 머리를
악몽과도 같이 짓누르고 있다.

– 마르크스 (1818~1883)

Men make their own history, but they do not make it just as they please. they do not make it under circumstances chosen by themselves, but under circumstances directly encountered, given and transmitted from the past.
The tradition of all the dead generations weighs like a nightmare on the brain of the living.

Karl Marx (1818-1883)

The Philosopher Says

내부와 외부의 양극은 뒤바뀌어 버렸지만
그것은 여전히 양극의 역할을 다한다.
즉 내적 의미는 바깥의 지시체가 되었고,
외적 형식은 본래부터 내부에 있던 구조가 되었다.

— 폴 드 만 (1919~1983)

The polarities of inside and outside have been reversed, but they are still the same polarities that are at play. Internal meaning has become outside reference, the outer form has become the intrinsic structure.

Paul de Man (1919-1983)

경敬이란 단지
이 마음이 스스로 주인이 되는 것을 의미한다.

- 주희 (1130~1200)

敬只是此心自做主宰處

朱熹 (1130-1200)

The Philosopher Says

환대는 편안함의 해체이고,
해체는 타자에 대한 환대다.

– 데리다 (1930~2004)

Hospitality is the deconstruction of the at-home, deconstruction is hospitality to the other.

Jacques Derrida (1930-2004)

The Philosopher Says

"그냥 지나가시오! 여기에는 아무것도 볼 게 없어!"
치안은 도로 위에 볼 것이 아무것도 없으며,
거기에서는 그냥 지나가는 것 말고는
달리 할 것이 없다고 말한다.
치안은 통행공간이 그저 통행공간일 뿐이라고 말한다.
정치는 이 통행공간을
한 주체-인민, 노동자, 시민-가 드러나는 공간으로
변형하는 것으로 이루어진다.

– 자크 랑시에르 (1940~)

"Move along! There is nothing to see here!"
The police says that there is nothing to see on a
road, that there is nothing to do but move along.
It asserts that the space of circulating is nothing
other than the space of circulation. Politics,
in contrast, consists in transforming this space of
'moving-along' into a space for the appearance
of a subject: i.e., the people, the workers,
the citizens.

Jacques Rancière (1940-)

The Philosopher Says

사람이 바르고 고요할 수 있으면

피부가 윤택해지며, 귀와 눈은 밝고 맑게 되고,
근육이 부드러워지고, 뼈는 튼튼해진다.
그는 하늘을 머리에 이고 땅에 굳게 설 수 있으며,
마음은 거울과 같이 맑고,
그 살핌은 해와 달같이 밝다.

— 관자 (생몰년도 미상)

人能正靜 皮膚裕寬
耳目聰明 筋信而骨强
乃能戴大圜而履大方
鑑於大淸 視於大明

管子

The Philosopher Says

상품은 얼핏 보면 극히 분명하고
별다른 것이 없는 물건으로 보인다.
그러나 그것을 분석해보면 실제로는
형이상학적인 미묘함과 신학적인 고상함으로 가득 차 있는
이상한 물건이라는 것이 밝혀진다.

– 마르크스 (1818~1883)

**A commodity appear at first sight an extremely obvious, trivial thing.
But its analysis bring out that it is a very strang thing, abounding in metaphysical subtleties and theological niceties.**

Karl Marx (1818-1883)

방을 만들 때 방문과 창문을 뚫는데
방문과 창문 안에 아무것도 없기 때문에
방의 작용이 있는 것이다.
그러므로 있음이 이로움을 주는 것은
없음이 작용하기 때문이다.

- 노자 (BC 570~BC 479)

The Philosopher Says

죽음은 우리에게 아무것도 아니다.
왜냐하면 분해된 것은 감각이 없기 때문이다.
감각이 없는 것은 우리에게
아무것도 아니다.

– 에피쿠로스 (BC 342~BC 271)

Death is nothing to us. For what has been dissolved has no sense-experience, what has no sense-experience is nothing to us.

Epikouros (BC 342~BC 271)

The Philosopher Says

우주는 사람으로부터 결코 분리된 적이 없다.
사람들 스스로가 우주로부터 분리되는 것이다.

- 육구연 (1139~1192)

宇宙不曾限隔
人人自限隔宇宙

陸九淵 (1139-1192)

모든 세계의 기원,
그러므로 모든 실재와 모든 의미의 기원은
정상궤도로부터의 빗나감 때문이라는 생각,
그러니까 이성도 아니고 원인도 아니고
빗나감이 세계의 기원이라는 생각은
에피쿠로스의 주장이 가진 대담성에 의미를
부여해준다.

– 루이 알튀세르 (1918~1990)

*The idea that the origin of every world,
and therefore of all reality and of all meaning,
is due to a swerve, and that Swerve,
not Reason or Cause, is the origin of the world,
gives some sense of the audacity of Epicurus's thesis.*

Louis Althusser (1918-1990)

The Philosopher Says

프로이트는 근친상간의 금지를
원초적 법의 기반이 되는 원칙으로 간주하는데
모든 다른 문화적 성과들은
이 법으로부터 파생된 결과에 지나지 않는다.
또한 그는 근친상간을 근본적인 욕망으로 이해한다.

– 자크 라캉 (1909~1981)

Freud designates the prohibition of incests as the underlying principle of the primordial law, the law of which all other cultural development are no more than consequences and ramifications. And at the ame time he identifies incest as the fundamental desire.

Jacques Lacan (1909-1981)

The Philosopher Says

여러분이 깊이가 있다고 느끼는 모든 사람들은
무엇인가에 집중하는 사람들이라고 말이지요.
그래서 '집중'과 '깊이', 이 두 상태는
동전의 양면인지도 모를 일입니다.
이제 우리는 알게 되었습니다.
집중하는 사람에게서 느껴지는 깊이의 비밀을 말입니다.
그는 자신의 내면에 깊게 파고드는 사람이 아니라,
반대로 세계의 무엇인가로 열려 있는
감수성을 가진 사람이었던 겁니다.

— 강신주 『철학적 시읽기의 괴로움』 중에서

The Philosopher Says

자네가 이 꽃을 보기 전에는
이 꽃은 자네와 함께 고요한 상태에 있었네.
자네가 와서 이 꽃을 보는 순간
이 꽃의 모습이 일시에 분명해졌네.
이로써 이 꽃은 자네의 의식과 무관하게
독자적으로 존재한다고 할 수 없다네.

– 왕수인 (1472~1528)

你未看此花時 此花與汝心同歸於寂
你來看此花時 則此花顏色一時明白起來
便知此花不在你的心外

王守仁 (1472-1528)

The Philosopher Says

우리로 하여금
생각하도록 강제하는 것이 바로 기호다.

– 질 들뢰즈 (1925~1995)

What forces us to think is the sign.

Gilles Deleuze (1925-1995)

의식은 몸을 매개로 사물을 지향하고 있다.
하나의 움직임은 몸이 그것을 이해할 때 배워진다.

– 메를로 퐁티 (1908~1961)

Consciousness is being towards the thing.
A movement is learned when the body has understood it.

Merleau-Ponty (1908-1961)

The Philosopher Says

기우제를 지내면 비가 오는 것은 무슨 까닭인가?
아무런 의미가 없다.
기우제를 지내지 않아도
비가 내리는 것과 같기 때문이다.

– 순자 (BC 298~BC 238)

雩而雨 何也
曰 無何也
猶不雩而雨也

荀子 (BC 298–BC 238)

The Philosopher Says

너의 인격과 모든 타자의 인격에서
인간성을 단지 수단으로서만이 아니라 동시에
항상 목적으로 사용하도록 행동하라.

- 칸트 (1724~1804)

So act that you use humanity, whether in your own person or in the person of any other, always at the same time as an end, never merely as a means.

Immanuel Kant (1724-1804)

The Philosopher Says

옛날 참다운 사람들은
잠을 자더라도 꿈을 꾸지 않았고
깨어 있다 하더라도 걱정이 없었다.
그들의 음식은 달지 않았으며, 그들의 숨은 깊었다.
참다운 사람들은 발뒤꿈치로 숨을 쉬고
보통 사람들은 목구멍으로 숨을 쉰다.

– 장자 (BC 369~BC 289)

古之眞人 其寢不夢 其覺無憂
其食不甘 其息深深
眞人之息以踵 衆人之息以喉

莊子 (BC 369-BC 289)

영원히 지속되는 고통은
고문을 받고 있는 사람이
울부짖을 권리를 갖고 있는 것과 같은 정도로
자신을 표현할 권리를 갖는다.
그래서 아우슈비츠 이후에 시가 나올 수 없다고 한 것은
오류일지도 모른다.

− 아도르노 (1903~1969)

Perennial suffering has as much
right to expression as a tortured man has to scream.
Hence it may has been wrong to say that after
Auschwitz you could no longer write poems.

Theodor Wiesengrund Adorno (1903-1969)

The Philosopher Says

종교에 반대하는 비판의 기초는 다음과 같다.
인간이 종교를 만든 것이지,
종교가 인간을 만든 것이 아니다.

– 마르크스 (1818~1883)

The basis of irreligious criticism is: Man makes religion,
religion does not make man.

Karl Marx (1818-1883)

실재는 그 자체로 진리는 아니고,
마음도 그 자체로 단순한 거울이 아니다.
마음은 실재에 대해 진리를 만들어낸다.

- 제임스 (1842~1910)

Reality as such is not truth, and the mind as such is not a mere mirror.
Mind engenders truth upon reality.

William James (1842-1910)

The Philosopher Says

사람의 본질적인 욕망은 적은데,
사람들은 모두 자기의 본질에는
욕망이 많이 있다고 생각하고 있다.
이것은 잘못이다.

– 송견 (BC 390~BC 305)

人之情欲寡
而皆以己之情爲欲多
是過也

宋鈃 (BC 390-BC 305)

The Philosopher Says

사랑은 외부 원인의 관념을 동반하는 기쁨일 뿐이며
또한 증오는 외부 원인의 관념을 동반하는
슬픔에 지나지 않는다.
그리고 사랑하는 자는 필연적으로
사랑하는 대상을 계속 소유하고 유지하고자 하며,
반대로 증오하는 자는
증오하는 대상을 멀리하고 소멸시키고자 한다는 것을
우리는 안다.

− 스피노자 (1632~77)

Love is nothing else but pleasure accompanied by the idea of an external cause : Hate is nothing else but pain accompanied by the idea of an external cause. We further see, that he who loves necessarily endeavours to have, and to keep present to him, the object of his love ; while he who hates endeavours to remove and destroy the object of his hatred.

Baruch de Spinoza (1632-1677)

말할 수 없는 것에 대해서,
우리는
침묵해야만 한다.

– 비트겐슈타인 (1889~1951)

Whereof one cannot speak,
thereof one must be silent.

Ludwig Wittgenstein (1889-1951)

The Philosopher Says

사물이 우리를 귀찮게 치근거린다면,
이 불편함을 표현할 수 있는 비판이 있어야 한다.
비판은 적당한 거리를 두어야 하는 문제가 아니라
적당한 가까움을 유지해야 하는 문제다.

− 페터 슬로터다이크 (1947~)

If things have become too close for comfort to us,
a critique must rise rhat expresses this discomfort.
It is not a matter of proper distance but of
proper proximity.

Peter Sloterdijk (1947-)

The Philosopher Says

나의 삶에는 한계가 있지만, 인식에는 한계가 없다.
한계가 있는 삶으로 한계가 없는 인식을 따른다면
위태로울 것이다.
그런데도 계속 인식을 추구한다면
더욱 위태로워질 것이다.

- 장자 (BC 369~BC 289)

吾生也有涯 而知也无涯
以有涯隨无涯 殆已
已而爲知者 殆而已矣

莊子 (BC 369-BC 289)

The Philosopher Says

이 사람의 나이는 문제가 아니다.
그는 아주 늙었을 수도 있고, 아주 젊었을 수도 있다.
핵심적인 것은 그가 자신이 어디에 있는지 모른다는 것,
그리고 어디론가 가고 싶어 한다는 것이다.
이 때문에 언제나 그는 미국 서부영화에서 그런 것처럼
달리는 기차를 탄다.
자기가 어디서 와서(기원),
어디로 가는지(목적)전혀 모르면서.

– 루이 알튀세르 (1918~1990)

**The man's age doesn't matter. He can be
very old or very young. The important thing
is that he doesn't know where he is,
and wants to go somewhere.
That's why always catches a moving train,
the way they do in American Westerns.
Without knowing where he come from[origin]
or where he's going[goal].**

Louis Althusser (1918-1990)

The Philosopher Says

알렉산더가 디오게네스 앞에 서서 자신을 소개했다.
"당신은 지금 위대한 자, 알렉산더 왕을 보고 있소.
당신을 만나서 기쁘오."
그러자 디오게네스는 대답했다.
"나는 개, 디오게네스요."
어떤 행동을 했기에 '개'라고 불리냐고 질문을 받았을 때,
디오게네스는 말했다.
"무언가를 주는 사람들에게는
꼬리를 흔들고, 주지 않는 사람에게는 짖어대고,
나쁜 자들을 물어뜯기 때문이다."

– 디오게네스 라에르티오스 (생몰년도 미상)

Alexander stood over Diogenes and introduced himself to the philosopher thus: "You see before you King Alexander the Great. Pleased to meet you." The other replied, "I am Diogenes the Dog." He was asked one day what he did to deserve the name 'dog.' "I fawn on people who give me alms, I bark at them if they refuse me, and I snap at scoundrels."

Diogenes Laertios

의학서적에서는 신체의 일부가 마비되면
'불인不仁하다'고 표현한다.
이것은 인仁이란 명칭을 가장 잘 설명한 것이다.
인자, 그러니까 세상을 품는 사람은
천지만물을 자신의 몸이라고 느끼므로,
어떤 것도 자신의 일부가 아닌 것이 없다.

– 정호 (1032~1085)

醫書言手足痿痺爲不仁
此言最善名狀
仁者以天地萬物爲一體 莫非己也

程顥 (1032-1085)

The Philosopher Says

목소리가 들린다(혹은 이해된다).
이것이 바로 의심할 여지가 없이
의식이라고 불리는 것이다.

- 자크 데리다 (1930~2004)

The voice is heard(understood).
That undoubtedly is what is called conscience.

Jacques Derrida (1930-2004)

어린애 같은 포옹 한가운데서도
생식기적인 것은 어쩔 수 없이 솟아올라,
근친상간적인 포옹의 그 분산된 관능을 차단한다.
그러면 욕망의 논리가 다시 작동하고,
소유의 의지가 되돌아오며,
어른이 아이 위에 이중 인쇄된다.
나는 모성적인 것과 생식기적인 것을 원하는,
동시에 두 명의 주체이다.

– 롤랑 바르트 (1915~1980)

Within this infantile embrace,
the genital unfailingly appears; it cutt off the
diffuse sensuality of the incestuous embrace.
The logic of desire begins to function,
the will-to-possess returns,
the adult is superimposed upon the child.
I am then two subjects at once:
I want maternity and genitality.

Roland Barthes (1915-1980)

The Philosopher Says

'자아'와 '대상'에 관련된 다양한 언어들은
다양한 방식으로 존재한다.
그렇지만 그것들은 모두
의식의 결과물들에 지나지 않는다.

– 바수반두 (320~400)

*Various indeed are the usages of the term 'atman'
and 'dharma'. They all refer to the transformations of
consciousness.*

Vasubandhu (320-400)

The Philosopher Says

모든 인문학이 그렇듯이, 철학도 기본적으로는
고유명사에 깊이 각인되어 있는 학문이다.
많은 유사점에도 불구하고 철학이
수학과 다를 수밖에 없는 결정적인 이유가 바로 여기에 있다.
다시 말해 철학은 개개인의 철학자들을 떠나서는
존재할 수 없는 학문이라는 것이다.
스피노자의 철학이나 장자의 철학이
스피노자나 장자를 떠나서는
아무 의미도 가질 수 없는 것처럼 말이다.

- 강신주 『철학 VS 철학』 중에서

초월적인 자아는
자신에게 고유한 것 내부에서
또 그 내부를 이용하여 자아 속에서
다른 존재라는 객관적 세계 전체를 구성하며,
이 객관적 세계의 최초 단계에서
다른 자아라는 양태를 가진 다른 것을 구성한다.

– 후설 (1859~1938)

Within and by means of this ownness the transcendental Ego constitutes, however, the 'Objective' world, as a universe of being that is other than himself, and constitutes at first level, the other in the mode: alter Ego.

Edmund Husserl (1859-1938)

The Philosopher Says

무념이란 방법은
일체의 모든 대상을 보면서도
그것들에 집착하지 않는 것이며,
일체의 모든 장소를 두루 다니면서도
그것들에 집착하지 않는 것을 말한다.

- 혜능 (638~713)

無念法者
見一切法 不著一切法
遍一切處 **不著**一切處

慧能 (638-713)

우리는 의사소통의 시대에 살고 있지만,
모든 고귀한 영혼은 작은 회의나 학회 혹은
단순한 대담이 제안될 때마다
멀리 도망가고 슬그머니 빠져나간다.

– 질 들뢰즈 (1925~1995)

OURS IS THE AGE OF COMMUNICATION,
BUT EVERY NOBLE SOUL FLEES AND
CRAWLS FAR AWAY WHENEVER
A LITTLE DISCUSSION, A COLLOQUIUM,
OR A SIMPLE CONVERSATION IS SUGGESTED.

GILLES DELEUZE (1925-1995)

The Philosopher Says

마음은 일종의 극장이다.
여기에서 여러 지각들은 잇따라서 나타나고,
즉 지나가고, 다시 지나가고, 어느덧 사라지고,
무한히 잡다한 사태와 상황 속에서 뒤섞인다.
마음에는 당연히 한 시점에서라도 단일성은 없으며,
서로 다른 시점에서 동일성도 없다.
우리가 그 단일성과 동일성을 상상하는
어떤 자연적 성향을 갖고 있다고 할지라도 말이다.

– 흄 (1711~1776)

The mind is a kind of theatre, where several
perceptions successively make their appearance;
pass, re-pass, glide away, and mingle in
an infinite variety of postures and situations.
There is properly no simplicity in it at one time,
nor identity in different; whatever natural propension
we may have to imagine that simplicity and identity.

David Hume (1711-1776)

The Philosopher Says

여성은 그녀가 아닌 바로 그 부분에 대하여
욕망되고 사랑받기를 바라는 것이다.

– 자크 라캉 (1909~1981)

It is for that which she is not that he wishes *to be desired as well as loved.*

Jacques Lacan (1909-1981)

우리가 사실들이 존재한다고 믿는 것은 오류다. ;
단지 기호들만이 존재할 뿐이다.
우리가 진리는 존재한다고 믿는 것도 오류다. ;
단지 해석들만이 존재할 뿐이다.

− 질 들뢰즈 (1925~1995)

We are wrong to believe in facts; there are only signs. We are wrong to believe in truth; there are only interpretations.

Gilles Deleuze (1925-1995)

The Philosopher Says

어린아이와 같은 마음이 이미 가려진 후
말로 표현하면 말은 마음속에서 우러나오지 않고,
천거를 받아 정치를 하게 되면 정치에는 근본이 없고,
저술하여 문장을 지으면 문장이 제대로 전달되지 않는다.

– 이지 (1527~1602)

童心旣障
於是發而爲言語 則言語不由衷
見而爲政事 則政事無根柢
著而爲文辭 則文辭不能達

李贄 (1527-1602)

The Philosopher Says

철학이
삶은 회고적으로 이해될 수밖에 없다고 말하는 것은
전적으로 옳다.
그렇지만 그 순간 우리는
또 다른 구절 하나를 망각한다.
삶은 미래를 향해 살아내야 한다는 것.

– 키에르케고르 (1813~1855)

Philosophy is perfectly right in saying that life must be understood backward. But then one forgets the other clause: that it must be lived forward.

Søren Kierkegaard (1813-1855)

대중의 의견에서 명예를 찾으려는 사람은
매일매일 걱정 속에서 불안해하면서
평판을 보존하기 위해 애쓰고
그것을 지키려고 행동하며
그것을 지키려고 계획하게 된다.
왜냐하면 대중은 변덕스럽고 한결같지 못하므로
평판이 보존되지 못할 경우
재빨리 사라지기 때문이다.

– 스피노자 (1632~1677)

He whose honor depends on
the opinion of the mob must day by day
strive with the greatest anxiety,
act and scheme in order to retain his reputation.
For the mob is varied and inconstant,
and therefore if a reputation is not carefully
preserved it dies quickly.

Baruch de Spinoza (1632-1677)

The Philosopher Says

성인은 외물이 마땅히 기뻐하는 것을 기뻐하고,
성인은 외물이 마땅히 분노하는 것을 분노한다.
그러므로 성인의 기쁨과 분노는
자신의 마음에 달려 있지 않고 외물에 달려 있는 것이다.

– 정호 (1032~1085)

聖人之喜 以物之當喜
聖人之怒 以物之當怒
是聖人之喜怒 不繫於心而繫於物也

程顥 (1032-1085)

만일 어떤 이들이 생각하는 것처럼
자유와 평등이란 가치가 주로
민주주의에서 발견되어질 수 있다면,
그 가치들은 **모든 사람이 똑같이**
가능한 한 최대로 통치에 참여할 때에만
가장 잘 달성될 수 있을 것이다.

– 아리스토텔레스 (BC 384~BC 322)

**If liberty and equality, as is thought by some,
are chiefly to be found in democracy,
they will be best attained when all persons alike share
in the government to the utmost.**

Aristotle (BC 384-BC 322)

철학자가 이를 수 있는 가장 높은 상태 :
자신의 존재에 대해 디오니소스적인 관계로
당당히 서 있는 것.
이에 대한 나의 공식이 바로 운명애다.

— 니체 (1844~1900)

The highest state a philosopher can attain: to stand in a Dionysian relationship to existence. My formula for this is amor fati.

Friedrich Wilhelm Nietzsche (1844-1900)

마음의 능력을 완전하게 발휘하면
자신의 본바탕을 자각하게 된다.
자신의 본바탕을 자각하면
자신의 한계를 인식하게 된다.

- 맹자 (BC 372~BC 289)

盡其心者 知其性也
知其性 則知天矣

孟子 (BC 372-BC 289)

The Philosopher Says

야만의 기록이 아닌 문화의 기록이란 결코 없다.
그리고 문화의 기록 자체가
야만성을 넘어설 수 없는 것처럼
그것이 한 사람에게서
다른 사람에게로 넘어간 전승의 과정 역시
야만성을 벗어나지 못한다.
따라서 역사적 유물론자는 가능한 한도 내에서
그런 전승에서 비켜선다.
그는 결을 거슬러 역사를 솔질하는 것을
자신의 과제로 본다.

— 발터 벤야민 (1892~1940)

There has never been a document of culture,
which is not simultaneously one of barbarism.
And just as it is itself not free from barbarism,
neither is it free from the process of transmission,
in which it falls from one set of hands into another.
The historical materialist thus moves as
far away from this as measurably possible.
He regards it as his task
to brush history against the grain.

Walter Benjamin (1892-1940)

만물은 모두 대립물을 가진다.
음이 있으면 양이 있고,
선이 있으면 악도 있다.
양이 성장하면 음이 소멸하고,
선이 증대되면 악이 줄어든다.

– 정호 (1032~1085)

萬物莫不有對
一陰一陽 一善一惡
陽長則陰消 善增則惡減

程顥 (1032−1085)

The Philosopher Says

관조되는 대상—이 대상은 그의 무의식적인 활동의
산물이다—에 대한 구경꾼의 소외와 복종은
다음과 같은 방식으로 작동한다.
그가 더 많이 관조하면 할수록 그는
더 적게 살아가게 된다.

– 기 드보르 (1931~1994)

The alienation of the spectator to the
profit of the contemplated object -which is the
result of his own unconscious activity-
is expressed in the following way:
the more he contemplates the less he lives

Guy Debord (1931-1994)

The Philosopher Says

주어 개념이 거의 발달되지 않은
우랄 알타이어권 철학자들이
다른 방식으로 세계를 바라보고,
인도-게르만족이나 이슬람 사람들과는
다른 사고의 흐름을 갖고 있다는 것은
충분히 있을 법한 일이다.

– 니체 (1844~1900)

It is highly probable that philosophers within the domain of the Ural-Altaic languages (where the concept of the subject is least developed) **look otherwise "into the world",** and will be found **on paths thought different** from those of the Indo-Germanic peoples and the Muslims.

Friedrich Wilhelm Nietzsche (1844-1900)

The Philosopher Says ─────────────

맥박을 짚어보면
인仁을 가장 잘 느낄 수 있다.

- 정호 (1032~1085)

切脈最可體仁

程顥 (1032-1085)

The Philosopher Says

상이한 측면에서 바라보면
하나의 동일한 도시가 전혀 다르게,
말하자면 다양한 모습으로 나타나듯이,
무한히 많은 단순한 실체들로 인하여
그만큼 많은 상이한 세계가 존재한다.
그러나 이 세계들은
각 모나드의 상이한 관점에서 드러난
하나의 동일한 세계에 대한
조망들일 뿐이다.

– 라이프니츠 (1646~1716)

As the same town, looked at from various sides,
appears quite different and becomes as it were
numerous in aspects; even so, as a result of the
infinite number of simple substances,
it is as if there were so many different universes,
which, nevertheless are nothing but
perspectives of a single universe,
according to the special point of view of
each Monad.

Gottfried Wilhelm von Leibniz (1646-1716)

The Philosopher Says

"성인의 경지는 배워서 이를 수 있습니까?"
대답하기를
"배워서 이를 수 있다."
질문하기를
"그러면 핵심적인 방법이 있습니까?"
대답하기를
"있다."
질문하기를
"그 점을 듣고 싶습니다."
대답하기를
"하나가 요체가 된다.
하나라는 것은 사욕이 없는 것이다."

— 주돈이 (1017~1073)

聖可學乎
曰可
曰有要乎
曰有請聞焉
曰一爲要 一者無欲也

周敦頤 (1017-1073)

The Philosopher Says

흔히 너무 어려워서 읽지 않는다고 말하지만,
우리가 시집과 철학 책을 멀리 하는 진정한 이유는
시나 철학이 자신의 일상적 삶을 동요시키는 듯한
불쾌감을 느끼게 하기 때문입니다.
그렇다면 결국 시나 철학이 난해하다는 인상을 받게 되는 것은
비트겐슈타인Ludwig Wittgenstein(1889~1951)의
표현을 빌리자면 "이해의 문제가 아니라 의지의 문제"
때문이라고 할 수 있습니다.

— 강신주 『철학적 시읽기의 즐거움』 중에서

어떤 철학이 가진 힘은
자신이 창조하는 개념들,
혹은 자신이 변화시킨 개념들의 의미,
사물이나 행동들에 일련의 새로운 분할을
부가하는 개념들로 측정된다.

– 질 들뢰즈 (1925~1995)

A philosophy's power is measured by the concepts it creates, or whose meaning it alters, concepts that impose a new set of division on things and actions.

Gilles Deleuze (1925-1995)

The Philosopher Says

첫 번째 고백을 하고 난 후의 "난 널 사랑해"는
아무 의미가 없다.
그것은 텅 빈 것처럼 보이기에
약간은 수수께끼 같은
과거의 메시지를(어쩌면 똑같은 말로 전달되지
않았을지는 모르지만) 반복하는 것에 불과하다.

– 롤랑 바르트 (1915~1980)

Once the first avowal ha been made,
"I love you." has no meaning whatever.
It merely repeats in an enigmatic mode
so blank does it appear
the old message(which may not have been transmitted).

Roland Barthes (1915-1980)

다시 한 번 반복하지만
인간 사회에서 어떤 것도 자연적인 것은 없으며
다른 많은 것들처럼 여성도
문명이 정교하게 만든 산물이다.

- 보부아르 (1908~1986)

It must be repeated once more that
in human society nothing is natural and
that woman, like much else,
is a product elaborated by civilisation.

Simone de Beauvoir (1908-1986)

미성숙이란
다른 사람의 지도 없이는 자신의 지성을 사용하지 못하는
무능력의 상태를 말한다.
자기에게 책임이 있는 미성숙이란
지성이 없어서가 아니라 다른 사람의 지도 없이는
지성을 사용할 결단력과 용기를 내지 못하기 때문에
미성숙에 머무는 경우다.
그러므로 과감히 알려고 하라!
그대 자신의 지성을 사용할 용기를 가져라.

– 칸트 (1724~1804)

Immaturity is the inability to use one's own understanding without the guidance of another. This immaturity is self-incurred if its cause is not lack of understanding, but lack of resolution and courage to use it without the guidance of another. The motto of enlightenment is therefore: Sapere aude!
Have courage to use your own understanding!

Immanuel Kant (1724-1804)

마음은 어떻게 알 수 있는가?
비우고 하나에 집중하고 고요할 수 있기 때문이다.
마음은 기억하지 않은 적은 없지만,
비우는 능력도 갖고 있다.
마음은 많은 것을 가지고 있지 않은 적은 없지만,
집중하는 능력도 갖고 있다.
마음은 동요되지 않은 적은 없지만,
고요할 수 있는 능력도 갖고 있다.

— 순자 (BC 298~BC 238)

心何以知
曰 **虛壹而靜**
心未嘗不臧也 然而有所謂虛
心未嘗不滿也 然而有所謂一
心未嘗不動也, 然而有所謂靜

荀子 (BC 298–BC 238)

The Philosopher Says

단지 예술에 의해서만 우리는
자신의 바깥으로 나아갈 수 있고, 다른 사람들이
이 우주에서 무엇을 보고 있는지를 알게 된다.
물론 그들의 우주는 우리 것과는 다르고,
그 풍경은 달의 풍경만큼이나
우리에게 알려지지 않은 채로 있었던 것이다.
예술 때문에 우리는 자신만의 세계를 보는 대신
세계가 다양하다는 사실,
그리고 **독창적인 예술가들의 수만큼이나 많은 세계들**이
우리에게 있다는 사실을 알게 된다.

– 프루스트 (1871~1922)

By art alone we are able to get outside ourselves,
to know what another sees of this universe which
for him is not ours, the landscapes of which
would remain as unknown to us
as those of the moon. Thanks to art, instead of
seeing one world, our own, we see it
multiplied and as many original artists as
there are, so many worlds are at our disposal.

Marcel Proust (1871-1922)

어떤 존재도 인연으로 생겨나지 않는 것은 없다.
그러므로 어떠한 존재도 공하지 않은 것이 없다.

– 나가르주나 (150~250)

**Something that is not dependently arisen,
uch a thing does not exist.
Therefore a nonempty thing does not exist.**

Nagarjuna (150-250)

The Philosopher Says

정치적인 행동이나 동기의 원인으로 여겨지는
특정한 정치적 구별이란
적과 동지의 구별이다.

– 칼 슈미트 (1888~1985)

The specific political distinction to which political actions and motives can be reduced is that between friend and enemy.

Carl Schmitt (1888-1985)

The Philosopher Says

세상 사람들이 모두 서로 사랑하지 않는다면,
강자는 반드시 약자를 핍박할 것이고,
부자는 가난한 자를 업신여기며,
신분이 높은 자는 비천한 자를 경시할 것이고,
약삭빠른 자는 반드시 어리석은 자를 기만할 것이다.
세상의 모든 전란과 찬탈과 원한이 일어나는 까닭은
서로 사랑하지 않기 때문이다.

– 묵자 (BC 479~BC 381)

天下之人皆不相愛
强必執弱 富必侮貧
貴必敖賤 詐必欺愚
凡天下禍篡怨恨其所以起者
以不相愛生也

墨子 (BC 479–BC 381)

The Philosopher Says

어떤 특정 세포의 특징을 구성하고 결정하는 것은
상호작용 그물 전체이지 세포의 한 구성요소가 아니다.
물론 유전자라는 구성요소에 변화가 생기면
세포 구조에 극적인 변화가 일어난다.
그러나 위의 주장이 틀린 까닭은
결정적인 참여를 유일한 결정으로 잘못 본 데 있다.

— 마투라나 (1928~)

It is the network of interactions in its entirety that
constitutes and specifies the characteristics of
a particular cell, and not one of its components.
That modifications in those components called genes
dramatically affect the structure is very certain.
The error lies in confusing essential participations
with unique responsibility.

Humberto Maturana (1928-)

The Philosopher Says

세상에는 다만
느끼고 반응하는 과정만 있을 뿐이다.
그 밖에 무슨 다른 일이 있겠는가?

- 정이 (1033~1107)

天地之間 只有一
箇感與應而已
更有甚事

程頤 (1033-1107)

만일 모든 참된 이론들의 발전이
수학자의 영역에 속한다면,
철학자들에게 남겨진 것은 무엇인가?

– 후설 (1859~1938)

If the development of all true theories fall
in the mathematician's field,
what is left over for philosophers?

Edmund Husserl (1859-1938)

The Philosopher Says

당신은 어느 나라 사람이냐고 묻자,
디오게네스는 대답했다.
"나는 세계 시민입니다."

– 디오게네스 (생몰년도 미상)

*Asked where he was from, Diogenes answered,
"I am a citizen of the world."*

Diogenes Laertios

예외란 일종의 배제다.
그것은 일반적인 규범에서 배제된 개별 사례다.
그렇지만 예외의 가장 고유한 특징은
배제된 것은 바로 배제되었다는 사실 때문에
규칙과 완전히 무관해지지 않는다는 것이다.
반대로 예외에서 배제된 것은
규칙의 정지라는 형태로
규칙과의 관계를 유지한다.

— 아감벤 (1942~)

**The exception is a kind of exclusion.
What is excluded from the general rule is
an individual case.
But the most proper characteristic of the
exception is that what is excluded in it is not,
on account of being excluded, absolutely
without relation to the rule. On the contrary,
what is excluded in the exception maintains
itself in relation to the rule in the form of
the rule's suspension.**

Giorgio Agamben (1942-)

의식은 무엇보다도 먼저
'나는 그렇게 생각한다'의 문제가 아니라
'나는 할 수 있다'의 문제다.

– 메를로 퐁티 (1908~1961)

Consciousness is in the first place not a matter of
'I think that' but of 'I can.'

Merleau-Ponty (1908-1961)

The Philosopher Says

권력이라는 정치적 관계는
착취하는 경제적 관계에 선행하며
그것을 만들어낸다.
소외는 경제적 소외이기 이전에 정치적 소외다.
권력은 노동에 선행하며,
경제적인 것은 정치적인 것의 파생물이고,
국가의 생성이 계급의 출현을 규정한다.

– 클라스트르 (1934~1977)

***The political relation of power** precedes and founds the economic relation of exploitation. Alienation is political before it is economic. Power precedes labor, the economic derives from the political, the emergence of the State determines the advent of classes.*

Pierre Clastres (1934-1977)

The Philosopher Says

자본주의가 만들어 놓은
욕망의 집어등은 매우 교묘하게 작동합니다.
그것은 표면적으로 볼 때 인간에게 자유와
기쁨을 주는 것처럼 보이기 때문입니다.
그러나 한 번 더 꼼꼼히 살펴보세요.
자본주의가 제공하는 자유란 '소비의 자유'일 뿐이고
자본주의에서 얻어지는 기쁨이란
'자기파괴적인 욕망의 충족'일 뿐입니다.

- 강신주 「상처받지 않을 권리」 중에서

유학자들은 하늘과 땅이 '의도를 가지고'
인간을 낳았다고 하지만,
이 말은 허황된 것이다.
하늘과 땅이 기氣를 합할 때,
인간은 '우발적으로' 저절로 생겨나는 것이다.
그것은 부부가 기를 합할 때 자녀가
저절로 생겨나는 것과 마찬가지다.

– 왕충 (27~104)

儒者論曰天地故生人 此言妄也
夫天地合氣 人偶自生也
猶夫婦合氣 子則自生也

王充 (27–104)

그들은 천국에서의 영원한 삶을 가르치며
이승에서 죽음의 절망을 주입시켰다.
이런 식으로 종교는 인간에게 허락된 유일한 장점을
철저하게 없애버렸다.
유한성을 기꺼이 인정하면서
즐거운 마음으로 죽는 것!

– 미셀 옹프레 (1959~)

*They establish death on earth for the sake of
eternity in heaven. In doing so,
they spoil the only gift we possess:
the living matter of potential existence killed
in the egg just because its life is infinite!*

Michel Onfray (1959-)

과학은 본질적으로 아나키스트적인 기획이다.
이론적 아나키즘은
법칙과 질서를 중시하는 이론적 대안보다는
더 인문주의적이고
더 진보를 촉진하게 된다.

– 파울 파이어아벤트 (1924~1994)

Science is an essentially anarchistic enterprise. Theoretical anarchism is more humanitarian and more likely to encourage progress than its law-and-order alternatives.

Paul Feyerabend (1924-1994)

The Philosopher Says

우리는 예술 작품을 개념 없는 단독성으로 반복한다.
그리고 시를 마음으로 새겨야 하는 것은 우연이 아니다.
머리는 교환의 신체기관이지만
심장은 반복을 사랑하는 기관이다.

- 질 들뢰즈 (1925~1995)

The repetition of a work of art is like a singularity without concept, and it is not by chance that a poem must be learned by heart. The head is organ of exchange, but **the heart is the amorous organ of repetition.**

Gilles Deleuze(1925-1995)

어떤 사람이 일련의 지적인 명제들을 안다고 해도
여전히 요리하거나 운전할 줄 모를 수 있다.
그는 심지어 좋은 선생님이 되기에 충분할 정도로
그런 명제들을 알고 있다고 할지라도
여전히 그 자신은 요리나 운전에
어려움을 느낄 수 있는 법이다.
반대로 어떤 소녀는
그런 지적인 명제들을 전혀 고려하지 않고서도
멋지게 요리를 할 수 있다.

- 라일 (1900~1976)

A man might accept any set of such hypothetical
propositions and still not know how to
cook or drive a car. He might even know them
well enough to be a good teacher and
still be stupid in his own performances.
Conversely a girl might be a clever cook who had
never considered any such general hypothetical
propositions.

Gilbert Ryle (1900-1976)

태곳적 사람들은
삶은 잠시 와 있는 것임을 알았고
죽음은 잠시 가버리는 것임을 알고 있었다.
그러므로 마음을 따라 움직이면서 자연을 어기지 아니하고
그가 좋아하는 것이 자신의 즐거움에 합당한 것이면
피하지 않았다.

– 양주 (BC 440~BC 360)

太古之人
知生之暫來 知死之暫往
故從心而動 不違自然所好
當身之娛 非所去也

楊朱 (BC 440-BC 360)

동일한 것이 동시에 좋거나 나쁘거나
아무런 관련도 없을 수가 있다.
예를 들어 음악은
우울한 사람에게는 좋지만,
슬픈 사람에게는 나쁘고,
귀머거리에게는 좋지도 않고 나쁘지도 않다.

— 스피노자 (1632~1677)

ONE AND THE SAME THING CAN AT THE SAME TIME BE GOOD, BAD, AND INDIFFERENT, E.G., MUSIC IS GOOD TO THE MELANCHOLY, BAD TO THOSE WHO MOURN, AND NEITHER GOOD NOR BAD TO THE DEAF.

BARUCH DE SPINOZA (1632-1677)

**허영은 사람의 마음속에 너무나도 깊이
뿌리박혀 있는 것**이어서
병사도, 아래 것들도, 요리사도, 인부도
자기를 자랑하고 찬양해 줄 사람들을 원한다.
심지어 철학자도 찬양자를 갖기를 원한다.
이것을 반박해서 글을 쓰는 사람들도
훌륭히 썼다는 영예를 얻고 싶어 한다.
이것을 읽는 사람들은 읽었다는 영광을 얻고 싶어 한다.

– 파스칼 (1623~1662)

Vanity is so anchored in the heart of man
that a soldier, a soldier's servant, a cook,
a porter brags and wishes to have his
admirers. **Even philosophers wish for them.**
Those who write against It want to have the
glory of having written well; and those who
read it desire the glory of having read it.

Blaise Pascal (1623-1662)

The Philosopher Says

아는 바를 안다고 하고
모르는 것을 모른다고 하는
그것이 앎이다.

- 공자 (BC 551~BC 479)

知之爲知之
不知爲不知 是知也

孔子 (BC 551-BC 479)

고대철학이 삶의 한 형식이라는 사실은
고대철학의 세계에 관통하고 스며들어 있으며
지속되고 있는 파르헤지아parrhesia라는 기능,
즉 용감하게 진실을 말하는 기능이라는
일반 도식으로 해석되어야만 한다.
철학적 삶이란 무엇인가?
그것은 물론 **어떤 것들의 포기를 초래할 수밖에 없는
특별한 인생의 선택이다.**

- 푸코 (1926~1984)

The fact that ancient philosophy is a form of life should be interpreted in the general framework of this parrhesiastic function which ran through, permeated, and sustained it.
What is a philosophical life? It is, of course, **a particular choice of existence entailing the renunciation of certain things.**

Michel Foucault (1926-1984)

The Philosopher Says

물이 격렬하게 흘러 돌을 굴려 내릴 수 있는 것은
그 기세 때문이다.
사나운 새가 급히 날아 다른 새를 무력화시킬 수 있는 것은
그 절도 때문이다.

— 손자 (생몰년도 미상)

激水之疾 至於漂石者 勢也
鷙鳥之疾 至於毀折者 節也

孫子

The Philosopher Says

'아니오'라고 말할 수 있는 성숙한 능력은
'예'의 유일하게 타당한 배경이 되며,
이 둘을 통해 진정한 자유의 윤곽이 비로소 뚜렷해진다.

– 페터 슬로터다이크 (1947~)

THE FULLY DEVELOPED ABILITY TO SAY NO IS ALSO THE ONLY VALID BACKGROUND FOR YES, AND ONLY THROUGH BOTH DOES REAL FREEDOM BEING TO TAKE FORM.

PETER SLOTERDIJK (1947-)

The Philosopher Says

세계로 개방되어 있는 존재라도
죽음의 가능성을 넘어설 수는 없다.
죽음은 세계로 개방되어 있는 존재의
절대적 불가능성의 가능성이다.

– 하이데거 (1889~1976)

Dasein cannot outstrip the possibility of death. Death is the possibility of the absolute impossibility of Dasein.

Martin Heidegger (1889-1976)

The Philosopher Says

대상에 대한 진리가 인간 사유로
귀속될 수 있는지의 문제는
이론의 문제가 아니라 실천의 문제다.
실천에서 인간은 자기 사유의 진리성,
즉 현실성과 힘, 차안성을 증명해야 한다.
실천으로부터 유리된 사유가
현실적인가 비현실적인가를 논하는 것은 순전히
스콜라적인 문제에 지나지 않는다.

— 마르크스 (1818~1883)

The question whether objective truth can be attributed to human thinking is not a question of theory but is a practical question. Man must prove the truth — i.e. the reality and power, the this-sidedness of his thinking in practice. The dispute over the reality or non-reality of thinking that is isolated from practice is a purely scholastic question.

Karl Marx (1818-1883)

자연의 원칙은 아마도 활의 시위를 매는 것과 같다.

높으면 누르고 낮으면 들어올린다.

남으면 덜어내고 모자라면 보태준다.

자연의 원칙은

남는 것은 덜어내고 모자라는 것은 보태준다.

불행히도 사회의 원칙은 그렇지 않다.

부족한 사람에게서 빼앗아

남는 사람에게 바치기 때문이다.

- 노자 (BC 570~BC 479)

天之道其猶張弓者也

高者抑之 下者擧之

有餘者損之 不足者補之

故天之道損有餘而益不足

人之道則不然 損不足而奉有餘

老子 (BC 570-BC 479)

제작의 관념은 관념들 가운데 최초의 것이자
가장 인간적인 것이다.
'설명한다는 것'은 제작의 방법을 기술하는 것 이외에
그 어떤 것도 아니다.
그것은 단지 사유 속에서
다시 한 번 제작해 보는 것뿐이다.

— 발레리 (1871~1945)

THE IDEA OF MAKING IS THE FIRST AND MOST
HUMAN IDEAS. "TO EXPLAIN" IS NEVER ANYTHING
MORE THAN TO DESCRIBE A WAY OF MAKING.
IT IS MERELY TO REMAKE IN THOUGHT.

PAUL VALÉRY (1871-1945)

우리가 이야기해주고 있는 누군가가 이해하지 못할 때, 그리고 그가 자신에게 이야기해도 스스로 이해하지 못할 때, 그것이 바로 형이상학이다.

– 볼테르 (1694~1778)

When he to whom one speaks does not understand, and he who speaks himself does not understand, that is metaphysics.

Voltaire (1694-1778)

The Philosopher Says

우리는
자신의 몸이 무엇을 할 수 있는지를
알지 못하고 있다.

– 스피노자 (1632~1677)

We do not know

what the body can do.

Baruch de Spinoza (1632-1677)

자연의 운행에는 일정불변한 규칙이 있다.
이것은 성군인 요임금 때문에 존재하지 않고
폭군인 걸임금 때문에 없어지지도 않는다.
다스려지는 쪽으로 대응하면 길하지만,
혼란을 일으키는 쪽으로 대응하면 재앙을 당한다.

- 순자 (BC 298~BC 238)

天行有常
不爲堯存 不爲桀亡
應之以治則吉 應之以亂則凶

荀子 (BC 298-BC 238)

The Philosopher Says

이 세상에는 인간 따위는 존재하지 않는다.
나는 프랑스인이나 이탈리아인,
러시아인 등등이라면 본 적이 있다.

– 메스트르 (1753~1821)

There is no such thing as man in the world.
In the course of my life I have seen Frenchmen, Italians, Russians etc.

Joseph Marie de Maistre (1753-1821)

다른 사람의 발자국을 따라서 눈길을 걷는 것이 아니라,
자기만의 힘과 보폭으로 눈길을 걷겠다는 정신.
그는 이것을 '진지성'이라고 부른다.
'진지眞摯'라는 말은 매력적이다.
글자 그대로
'진짜로眞 무엇인가를 꽉 잡는다摯'는 뜻이니까 말이다.
그렇다.
무엇인가를 꽉 움켜잡아야
거기에 자신의 흔적을 남길 수 있다.

- 강신주 『김수영을 위하여』 중에서

The Philosopher Says

자아와 이드 사이의 관계는
말을 탄 사람과 말 사이의 관계에 비유되는 것이 좋다.
말은 운동 에너지를 공급하고,
반면 말을 탄 사람은 목표를 정하고
강력한 동물의 운동을 제어할 수 있는 특권을 가지고 있다.
그렇지만 자아와 이드 사이에는
말을 타는 사람이 자신이 가고 싶은 길로
말을 모는 것과 같은
이상적인 상황과 완전히
다른 일이 너무나 자주 발생한다.

– 프로이트 (1856~1939)

The ego's relation to the id might be compared with that of a rider to his horse. The horse supplies the locomotive energy, while the rider has the privilege of deciding on the goal and of guiding the powerful animal's movement. But only too often there arises between the ego and the id the not precisely ideal situation of the rider being obliged to guide the horse along the path by which it itself wants to go.

Sigmund Freud (1856-1939)

많은 사람이 말하는 것처럼
우리의 위가 만족하지 못하는 것이 아니라
"위가 무한한 용량을 가진다"는
잘못된 의견이 만족하지 못하는 것이다.

- 에피쿠로스 (BC 342~BC 271)

*The stomach is not insatiable, as the many say,
but rather the opinion that stomach requires an
unlimited amount of filling is false.*

Epikouros (BC 342-BC 271)

The Philosopher Says

이 별에 새롭게 도착한 모든 인간은
오이디푸스 콤플렉스를 극복할 임무에 직면한다.
이에 실패한 자는 모두 신경증에 희생된다.

— 프로이트 (1856~1939)

EVERY NEW ARRIVAL ON THIS PLANET IS FACED BY THE TASK OF MASTERING THE OEDIPUS COMPLEX. ANYONE WHO FAILS TO DO SO FALLS A VICTIM OF NEUROSIS.

SIGMUND FREUD (1856-1939)

태허太虛에서 기氣가 모이고 흩어지는 것은
마치 물에서 얼음이 얼고 녹는 것과 같은 것이다.
만약 우리가 태허太虛가 바로 기氣임을 안다면
무無는 존재하지 않는다.

– 장재 (1020~1077)

氣之聚散於太虛
猶氷凝釋於水
知太虛卽氣則無無

張載 (1020-1077)

새로운 의견들은,
다른 어떤 이유에서가 아니라
단지 그것들이 아직 상식적이지 않다는 이유로,
항상 의심받고 반대에 봉착한다.

– 로크 (1632~1704)

New opinions are always suspected, and opposed, without any other reason but because they are not already common.

John Locke (1632-1704)

땅의 일정 부분에 펜스를 친 뒤
"이것은 내 거야"라고 말한 다음
사람들이 자기의 말을 믿을 정도로
충분히 순진하다는 사실을 발견한 첫 번째 사람,
바로 이 사람이
시민사회의 진정한 기초자였다.

– 루소 (1712~1778)

The first man who, having fenced in a
piece of land, said, "this is mine,"
and found people naive enough to believe him,
that man was the true founder of civil society.

Jean-Jacques Rousseau (1712-1778)

몸은 우리가
하나의 세계를 갖도록 하는 일반적 매체다.

– 메를로 퐁티 (1908~1961)

The body is our general medium for having a world.

Merleau Ponty (1908-1961)

사람의 마음은
통일되어 분열되지 않을 때
비로소 만물과 관계할 수 있다.

– 소옹 (1011~1077)

心一而不分則能應萬物

邵雍 (1011-1077)

식물학자의 식물들은
산울타리에 자라는 꽃들이 아니고,
지리학자가 어떤 강에 대해 발견한 수원지는
골짜기의 수원지와는 다른 것이다.

− 하이데거 (1889∼1976)

The botanist's plants are not the flowers of the hedgerow, the source the geographer establishes for a river is not the springhead in the dale.

Martin Heidegger (1889-1976)

우리에게 코뮤니즘이란
이룩되어야 할 하나의 사태,
즉 현실이 그것에 맞춰 가야 하는
하나의 이상이 아니다.
사물의 현재 상태를 지양하는 현실적 운동을
우리는 코뮤니즘이라고 부른다.
이 운동의 조건들은
지금 존재하는 전제들로부터 나온다.

– 마르크스 (1818~1883)

Communism is for us not a state of affairs which is to be established, an ideal to which reality have to adjust itself. We call communism the real movement which abolishes the present state of things. The conditions of this movement result from the premises now in exist.

Karl Marx (1818-1883)

자기의식은
단지 또 다른 자기의식에서만 만족을 얻는다.

- 헤겔 (1770~1831)

SELF-CONSCIOUSNESS ACHIEVES ITS SATISFACTION ONLY IN ANOTHER SELF-CONSCIOUSNESS.

G. W. F. HEGEL (1770-1831)

분업은 오직 육체노동과 정신노동 사이의 분업이 나타나는
그 순간부터 진정한 분업이 된다.

(최초의 이데올로기 담당자인 제사장도 그와 동시에 발생한다.)

이 순간부터 의식은
자기가 현존하는 실천에 대한 의식과는 다른 어떤 것임을,
그리고 현실적인 그 무엇을 표상하지 않고서도
참으로 어떤 것을 표방하고 있다고 떠벌릴 수 있게 된다.

– 마르크스 (1818~1883)

Division of labor only becomes truly such from the moment when a division of material and mental labor appears. (The first form of ideologists, priests, is concurrent.) From this moment onwards consciousness can really flatter itself that it is something other than consciousness of existing practice, that it really represents something without representing real.

Karl Marx (1818-1883)

The Philosopher Says

마음을 크게 하면
천하의 모든 존재를
자기 몸처럼 여길 수 있다.

– 주희 (1130~1200)

大其心 則能遍體天下之物

朱熹 (1130–1200)

욕망은
충족을 위한 욕구나 사랑에 대한 요구
그 어느 것도 아니며
후자로부터 전자를 뺄 때 생기는 차이이자
그것들 사이의 분열이 초래하는 결과로
나타나는 현상이다.

– 자크 라캉 (1901~1981)

Desire is neither the appetite for satisfaction,
nor the demand for love,
but the difference that results from the
subtraction of the first from the second,
the phenomenon of their splitting.

Jacques Lacan (1901-1981)

만일 구원이 눈앞에 있다면
그리고 큰 노력이 없이 찾을 수 있다면,
그것이 모든 사람에게 등한시되는 일이
도대체 어떻게 있을 수 있을까?
그러나 모든 고귀한 것은 힘들 뿐만 아니라 드물다.

– 스피노자 (1632~1677)

If salvation were at hand, and could be found without great effort, how could nearly everyone neglect it?
But all things excellent are difficult as they are rare.

Baruch de Spinoza (1632–1677)

꿈은 여러 연상이 압축된 요약으로 모습을 드러낸다.
그러나 꿈이 어떤 법칙에 따라 이루어지는지는
아직 알려져 있지 않다.
꿈의 여러 요소는,
말하자면 선거에 의해 선출된
대중의 대표자와 같은 것이다.

– 프로이트 (1856~1939)

Dream is seen to be an abbreviated selection from the associations, a selection made, it is true, according to rules that we have not yet understood. **The elements of the dream are like representatives chosen by election from a mass of people.**

Sigmund Freud (1856-1939)

인간의 역사는,
실천적인 관점에서만큼이나 이론적인 관점에서도,
문제들을 구성하는 역사라고 할 수 있다.

− 질 들뢰즈 (1925~1995)

The history of man, from the theoretical as mich as from the practical point of view is that of the construction of problems.

Gilles Deleuze (1925-1995)

The Philosopher Says

완성된 사람이 마음을 쓰는 것은 거울과 같아
일부러 보내지도 않고 일부러 맞아들이지도 않는다.
그대로 응할 뿐 저장해 두려 하지도 않는다.

- 장자 (BC 369~BC 289)

至人之用心若鏡
不將不迎 應而不藏

莊子 (BC 369–BC 289)

자율성을 포기하면서
이성은 이제
하나의 도구가 되었다.

– 호르크하이머 (1895~1973)

HAVING GIVEN UP AUTONOMY,
REASON HAS BECOMING AN INSTRUMENT.

MAX HORKHEIMER (1895-1973)

알려져 있는 것처럼,
짝짓기 하는 순간에 죽는 곤충들이 있다.
심지어 최고의 기쁨을 가지고
그들은 죽는다.
삶의 가장 지고하고 가장 빛나는 향유의 순간에는
죽음이 수반되는 법이다.

- 키에르케고르 (1813~1855)

**There are, as is known,
insects that die in the moment of
fertilization. So it is with joy.
Life's highest, most splendid moment of
enjoyment is accompanied by death.**

Søren Kierkegaard (1813-1855)

내가 어떤 사람을 특별한 사람으로 생각하는 것은
어려운 일은 아닐 수 있습니다.
다만 어려운 문제는
타자로 하여금 나를 특별한 사람으로 생각하도록
강제할 수는 없다는 데 있습니다.
그에게는 나를 특별한 사람으로 생각할 수도 혹은
그러지 않을 수도 있는 자유가 있기 때문이지요.
사랑에서 중요한 점은 우리 자신뿐만 아니라
타자도 자유를 가지고 있다는 자명한 사실에 있습니다.

- 강신주 『망각과 자유』 중에서

세상 사람들이 즐거워하는 것처럼
우리는 즐거워하고 즐긴다.
세상 사람들이 보고 판단하는 것처럼 우리도
문학과 예술을 읽고 보고 판단한다.
마찬가지로 세상 사람들이 거대한 군중 앞에서
움츠러드는 것처럼, 우리도 그렇게 움츠러든다.
세상 사람들이 충격을 받는 것처럼 우리도 충격을 받는다.
확정적인 것은 아니고, 그리고 비록 단순히
총합은 아닐지라도 세상 사람들은 모두
일상성의 존재가 무엇인지 그 종류를 미리 규정한다.

– 하이데거 (1889~1976)

We take pleasure, and enjoy ourselves,
as they take pleasure. We read, see, and
judge about literature and art as they see and
judge. Likewise we shrink back from the
great mass as they shrink back. We find shocking
what they find shocking. The they, which is nothing
definite, and which all are, though not as the sum,
prescribes the kind of Being of everydayness.

Martin Heidegger (1889-1976)

무릇 곡식과 비단을 조정에 쌓아두면
민중은 굶주리고 추위의 위험에 노출된다.
모든 관직이 설치되면 관료들은 앉아서
민중의 세금을 받아먹는다.
관청에 무위도식하는 무리가 있으면
민중은 놀고먹는 사람을 봉양하지 않을 수 없는 법이다.

– 포경언 (생몰년도 미상)

夫穀帛積則民有飢寒之儉
百官備則坐靡供奉之費
宿衛有徒食之衆 百姓養游手之人

鮑敬言

'죄'라는 개념이
죄의 궁극이라 할 수 있는 고문기구인
'자유의지'라는 개념과 동시에 창안되었다.
본능의 정체를 모호한 것으로 전락시켜
본능에 대한 불신을 제2의 천성으로 만들기 위해서!

— 니체 (1844~1900)

The concept of 'sin' invented along with the torture instrument that belongs with it, the concept of 'free will', in order to confuse the instincts, to make mistrust of the instincts second nature!

Friedrich Wilhelm Nietzsche (1844-1900)

The Philosopher Says

어떤 위대한 것도
한 송이의 포도나 무화과와 마찬가지로
갑자기 만들어지지는 않는다.
당신이 내게 무화과를 원한다고 말한다면,
나는 시간이 필요하다고 이야기해줄 것이다.
우선 그것이 꽃을 피우고,
그 다음에 열매를 맺고,
마지막으로 익기를 기다려라.

— 에픽테토스 (50~135)

No thing great is created suddenly, any more than a bunch of grapes or a fig. If you tell me that you desire a fig, I answer you that there must be time. Let it first blossom, then bear fluit, then ripen.

Epictetus (50-135)

이것은 단지 생각일 뿐이다.
왜냐하면 그것은 실제로 존재하지 않는 것을
반영하기 때문이다.
마치 눈병에 걸린 사람이
공중에 머리카락 같은 것이 보이거나
달이 둘로 보인다고 지각하는 것처럼 말이다.

− 바수반두 (320~400)

This is a mere conception.
Because it reflects a substantially non-existent object, like the perception of hair and double moon on the part of one afflicted with eye-disease.

Vasubandhu (320-400)

한 스님은 "깃발이 움직인다"고 말하고,
다른 스님은 "바람이 움직인다"고 주장했다.
서로의 주장만이 오고갈 뿐,
논쟁은 결코 해결되지 않는다.
이때 육조 혜능은 말한다.
"바람이 움직이는 것도,
깃발이 움직이는 것도 아닙니다.
그대들의 마음이 움직이고 있을 뿐입니다."

– 무문 (1183~1260)

一云 幡動
一云 風動
往復曾未契理
祖云
不是風動 不是幡動 仁者心動

無門 (1183-1260)

이렇게 타자에게 말 걸기,
즉 대화 상대방으로서 타자와의 이런 관계,
존재자와의 이런 관계는 모든 존재론을 선행한다.
그것은 존재하는 것들의 모든 궁극적인 관계다.

- 레비나스 (1906~1995)

This 'saying to the Other', this relation with
the Other as interlocuter, this relation with an
existent precedes all ontology.
it is the ultimate relation in Being.

Emmanuel Levinas (1906-1995)

가장 엄격한 의미에서
하나의 이미지는 하나의 날인,
하나의 흔적이나 물리적 각인,
신체 자체에 벌어지는 하나의 작용,
그러니까 어떤 다른 신체가
우리 자신의 신체 중
부드럽고 유동적인 부분들에 가하는
효과라고 할 수 있다.

- 질 들뢰즈 (1925~1995)

An image is, in the strictest sense,
an imprint, a trace or physical impression,
an affection of the body itself,
the effect of somebody on the soft and
fluid parts of our own body.

Gilles Deleuze (1925-1995)

선과 악을 넘어.
이것은 적어도 좋음과 나쁨을 넘어선다는 것을
의미하지는 않는다.

– 니체 (1844~1900)

Beyond Good and Evil. At least this does not mean 'beyond good and bad.'

Friedrich Wilhelm Nietzsche (1844-1900)

백이伯夷는 명예를 위해 수양산에서 죽었고
도척盜跖은 재화 때문에 동릉산에서 죽었다.
이들이 죽은 이유는 다르지만
그들이 몸을 망치고 생명을 잃은 것은 같다.
어찌하여 백이만 옳고
도척은 그르다고 할 수 있겠는가?

- 장자 (BC 369~BC 289)

伯夷死名於首陽之下 盜跖死利於東陵之上
二人者 所死不同 其於殘生傷性均也
奚必伯夷之是而盜跖之非乎

莊子 (BC 369-BC 289)

사람들은 그들이 가진 상품들로 자신을 인식한다.
그들은
자신의 자동차, 오디오 세트, 복층집, 부엌 장비에서
자신의 영혼을 발견한다.

- 마르쿠제 (1898~1979)

The people recognize themselves in their commodities.
They find their soul in their automobile,
hi-fi set, split-level home, kitchen equipment.

Herbert Marcuse (1898-1979)

인간의 삶이
단지 인간의 삶이기 때문에 성스럽다는 관념은
중세적이다.

— 피터 싱어 (1946~)

The notion that human life is sacred
just because it is human life is medieval.

Peter Singer (1946-)

The Philosopher Says

자신의 소망과 욕망을 의식하고 있는 한
인간은 스스로가 자유롭다고 여기나,
그들은 무지의 상태에 있기 때문에
자신으로 하여금 소망하고 욕망하도록 만드는
원인들에 대해 꿈에도 생각하지 않는다.

– 스피노자 (1632~1677)

Men think themselves free, inasmuch as they are conscious of their volitions and desires, and never even dream, in their ignorance, of the causes which have disposed them to wish and desire.

Baruch de Spinoza (1632-1677)

다른 것을 배제하는 방식으로
이름은 자신만의 대상을 가리킨다.

- 디그나가 (400~480)

The name signifies its own object by excluding what is other.

Dignaga (400-480)

너는 날개가 있는 것이 난다는 것은 들어보았겠지만,
날개가 없이 난다는 것은 듣지 못했을 것이다.
너는 앎으로 안다는 것을 들어보았겠지만,
알지 못함으로 안다는 것은 듣지 못했을 것이다.

- 장자 (BC 369~BC 289)

聞以有翼飛者矣
未聞以无翼飛者也
聞以有知知者矣
未聞以无知知者也

莊子 (BC 369–BC 289)

우리는 철학을 하는 체하면 안 되며,
실제로 철학을 해야 한다.
왜냐하면
우리에게 필요한 것은
건강한 것처럼 보이는 것이 아니라
진짜로 건강한 것이기 때문이다.

– 에피쿠로스 (BC 342~BC 271)

One must not pretend to philosophize, but philosophize in reality.
For we do not need the semblance of health but true health.

Epikouros (BC 342-BC 271)

The Philosopher Says

마르크스Karl Marx(1818~1883)가 이야기했던가?
인간의 자유는 '대상적 활동objective activity'에 있다고 말이다.
앞에|ob 던져져ject 나의 활동을 방해하는 저항에 대해
능동적active으로 개입하는 것,
이것이 바로 자유다.
급류를 헤엄치는 물고기를 생각해 보라.
강풍에 몸을 맡기고 활공하는 까마귀를 생각해 보라.
급류를 따라 흘러가는 물고기는 오직 죽은 물고기뿐이고,
강풍에 날려가는 새는 오직 죽은 새뿐이다.

− 강신주 『김수영을 위하여』 중에서

| the name index |

공자 孔子, BC 551~BC 479 고대 중국의 사상가. 유학의 시조. 성품이 엄숙하고 온화하며 사상은 현실적이며 실용적이었다. 그의 언행을 제자들이 모아 낸 책이 『논어論語』다. 인간 행동의 궁극적 지향은 인仁에 있다는 것이 『논어』의 핵심이다.

기 드보르 Guy Debord, 1931~1994 프랑스의 사상가, 영화 제작자. 상황주의자 인터내셔널 SI Situationist International의 창립 멤버이며 『스펙터클의 사회』의 저자다.

관자 管子, 생몰년도 미상 중국 춘추시대의 재상. 제갈량과 함께 역사상 뛰어난 재상으로 흔히 '관중'으로 불린다. 친구 포숙과 관포지교管鮑之交 우정으로 유명하다. 인仁, 의義, 염廉, 치恥가 국가를 지탱하는 기둥이라는 내용을 담은 『관자』는 관자학파에서 남긴 책이다.

나가르주나 Nagarjuna, 150~250 인도의 대승 불교학자. 공空 사상을 기초로 대승불교의 철학적 체계를 확립했다. 그의 공은 절대적 무無가 아니라 모든 것들이 서로 관계를 맺는 연기론의 관계에서 비롯된 것이다. 저서로는 『중론송』, 『십이문론』이 있다.

노발리스 Novalis, 1772~1801 독일의 시인. 꿈과 죽음 등 초자연적인 세계를 표현하고자 한 낭만파 시인이다. 그의 서정시는 그의 연인인 소피와의 체험을 바탕으로 마술적인 관념의 세계와 우울한 환상, 신비한 죽음에 대한 동경을 담고 있다. 예술과 종교를 융합한 그의 시는 낭만주의의 전형으로 평가받고 있다. 작품에는 서정시집 『밤의 찬가』, 소설 『푸른 꿈』이 있다.

노자 老子, BC570~BC479 중국 춘추시대의 사상가. 도가의 시조다. 공자가 노자를 찾아가 예禮에 관해 물었다는 기록이 있다. 그는 저서 『도덕경』에서 도에 도달하려면 인위적인 것에서 벗어나 자연에 순응하여 양심에 따라 있는 그대로의 모습대로 살아야 한다는 무위자연 사상을 역설했다.

니체 Friedrich Wilhelm Nietzsche, 1844~1900 독일의 철학자. 실존주의의 선구자, 파시

즘의 사상적 선구자다. 전근대적 문명의 유지에 대한 비판을 제기하여 '망치의 철학자'로 일컬어진다. 사회가 안정되고 문명이 발전함에 따라 인간은 권태로워지고 이는 결국 허무주의를 불러온다고 주장했다. 그의 철학을 담은 『비극의 탄생』, 『인간적인, 너무나 인간적인』, 『차라투스트라는 이렇게 말했다』 등의 저작이 있다.

디오게네스 라에르티오스 Diogenes Laertios, 생몰년도 미상 고대 그리스의 철학자. 『유명한 철학자의 생애로 가르침』의 저자다.

디그나가 Dignaga, 400~480 인도의 불교학자. 바수반두의 4대 제자로 꼽힌다. 『인명정리문론』과 『집량론』을 남겨 법상종의 탄생에 기여했다.

라이프니츠 Gottfried Wilhelm von Leibniz, 1646~1716 독일의 철학자. 수학과 철학뿐 아니라 다양한 분야에 두각을 나타낸 천재로 알려져 있다. 그는 이전의 여러 대립되는 사상들을 자신의 것으로 받아들여 조화시키려 했다.

라일 Gilbert Ryle, 1900~1976 영국의 철학자. 옥스퍼드 대학의 교수이자 유명한 철학 잡지 〈Mind〉의 편집 책임자로 일상언어학에 공헌했다.

레비나스 Emmanuel Levinas, 1906~1995 프랑스의 철학자. 제2차 세계대전의 경험을 통해 내가 아닌 절대적인 타인을 인정하고 타인에 대해 가져야 하는 윤리적인 책임이 나 자신의 주체성을 구성하는 근본이라는 형이상학에 몰두했다.

레비 스트로스 Lévi-Strauss, 1908~2009 프랑스의 인류학자. 문화상대주의를 발전시킨 사람으로 서구중심주의와 인종주의의 편견에 맞섰다.

로크 John Locke, 1632~1704 영국의 철학자. 영국 경험론 철학의 시조로 모든 지식은 관념의 복합이며 관념은 경험을 통해서만 얻어진다고 주장했다. 그가 주장한 '사회계약론'은 인식론과 함께 정치철학에 큰 영향을 주었다. 그의 저서는 볼테르와 루소, 미국 혁명과 스코틀랜드 계몽주의 사상가에 영향을 미쳤다.

롤랑 바르트 Roland Barthes, 1915~1980 프랑스의 평론가. 파리 대학의 교수로 신비평 New Criticism의 대표적인 인물이다. 주요 저서로는 『비평과 진실』, 『기호학 개론』이 있다.

루소 Jean-Jacques Rousseau, 1712~1778 프랑스의 철학자. '자연으로 돌아가라'는 말이 유명하다. 이는 평등하지 못한 사회의 부조리를 비판한 것으로 인간의 자연권인 자유와 평등의 보장을 강조한 말이다. 대표적인 저서로는 『사회계약론』과 『에밀』이 있다.

루이 알튀세르 Louis Althusser, 1918~1990 프랑스의 철학자. 반인간주의, 반경제주의, 반경험주의와 반주체주의를 주장한 마르크스주의 철학자다. 저서로 『마르크스를 읽자』, 『자본을 읽자』가 있다.

마르쿠제 Herbert Marcuse, 1898~1979 유대계 독일의 사상가. 60년대 서구유럽 학생운동의 정신적 지주이며 프랑크푸르트학파의 선두에 선 사회철학자다. 당시 학생운동이 발발했을 때 3M이라는 말이 유행했는데 3M이란 마르크스, 모택동, 마르쿠제를 일컫는 말이다.

마르크스 Karl Marx, 1818~1883 독일의 철학자. 공산주의 혁명가, 역사학자, 경제학자, 철학자, 사회학자, 마르크스주의의 창시자다. 자본주의 사회의 모순과 불평등에 대한 정확한 비판은 현대 학문에도 여전히 영향을 미치고 있다. 주요 저서로 『공산당 선언』, 『자본론』이 있다.

마투라나 Humberto Maturana, 1928~ 칠레의 인지생물학자. 인식에 대해 실재론이나 유아론이 아닌 관찰자적 개념을 주장하여 두 인식론의 교집합을 대표하는 구성주의자로 평가받는다. 급진적 구성주의의 선구자다.

맹자 孟子, BC 372~BC 289 고대 중국의 사상가. 인간은 인仁, 의義, 예禮, 지智라는 4덕四德을 본디 타고난다는 성선설性善說을 주장했다. 또한 인간관계를 다섯 가지-부자유친父子有親, 군신유의君臣有義, 부부유별夫婦有別, 장유유서長幼有序, 붕우유신朋友有信-로 정리한 오륜五倫으로 유명하다. 정치사상으로는 국민의 뜻으로 하늘의 뜻을 알 수 있다는 민본주의民本主義를 주장했다.

메를로 퐁티 Merleau-Ponty, 1908~1961 프랑스의 철학자. 후설Edmund Husserl의 현상학 중 생의 세계에 대한 후기의 사색을 발전시켰으며 관념으로나 사물로도 환원할 수 없는 인간적 실재의 이의성을 조명하는 독특한 시선을 가진 학자다.

메스트르 Joseph Marie de Maistre, 1753~1821 프랑스의 철학자. 18세기 사상과 프랑스 혁명에 반대하며 절대 군주 정치와 교황의 절대권을 주창했다. 민주주의를 부정하는 프랑스의 전통주의, 국가주의 철학의 대표적인 사상가다.

무문 無門, 1183~1260 중국 송宋 나라의 승려. 임제종의 승려로 무無를 깨달음의 절대 경지로 보는 『무문관無門關』을 남겼다.

묵자 墨子, BC 479년~BC 381 중국 전국시대의 사상가. 모두에게 이익이 되는 것을 세우고 모두에게 해가 되는 것을 없애자는 정치사상을 주장했다. 또한 타인을 사랑하며 서로의 이익을 높이는 비공非攻과 겸애兼愛를 주장했다.

미셸 옹프레 Michel Onfray, 1959~ 프랑스의 철학자. 에피쿠로스의 철학과 니체 등에게 영향을 받은 쾌락주의자, 무신론자며 유물론자다. 1993년 메디치스 에세이 부문에서 수상한 『자아의 조각』과 『미식의 이성, 맛의 철학』, 『원숭이는 왜 철학교사가 될 수 없을까?』 등의 저서가 있다. UP라는 일종의 자유학교를 설립했다.

바수반두 Vasubandhu, 320~400 인도의 대승불교 학자. 소승으로 출가하여 대승을 비판하다 나중에 대승에 들어가 교세를 확장하는 데 공헌했다. 소승에서 5백 부, 대승에서 5백 부의 책을 남겨 천부론사千部論師라 불렸다.

발레리 Paul Valéry, 1871~1945 프랑스의 사상가. 20세기 최대 산문가로 꼽힌다. 『바리에테』를 대표작으로 『영혼과 무용』, 『외팔리노스』, 『나무에 관한 대화』의 3부작은 19세기에 사라진 대화형식을 부활시킨 사상과 언어의 최고 걸작이라는 평을 받는다.

발터 벤야민 Walter Benjamin, 1892~1940 유대계 독일의 평론가. 보들레르, 프루스트에 영향을 받아 그들의 작품을 번역하고 마르크스주의 연구에 몰두하기도 했다. 저서로는 『계몽』, 『역사철학의 테제』 등이 있다.

범진 范縝, 450~515 중국의 철학자. 집안이 가난해 생활은 어려웠으나 성품이 곧고 경술經術에 능통했다. 무신론자로 불교에 반대하는 신멸론神滅論을 주장했다.

법장 法藏, 643~712 중국 당唐 나라의 승려. 화엄경華嚴經에 관한 활발한 강의와 저술로 화엄학華嚴學을 체계적으로 정립했다.

보부아르 Simone de Beauvoir, 1908~1986 프랑스의 작가. 실존주의 철학자로 소르본 대학 철학과를 졸업했다. 젊은 시절부터 사르트르와 사상적 동반자로 지냈다. 저서로는 『만다린』, 『긴 행진』, 『새로운 세기』 등이 있다.

볼테르 Voltaire, 1694~1778 프랑스의 작가. 17세기 고전주의를 계승하는 비극작품 및 『자디그』, 『캉디드』 등의 철학소설로 높이 평가받는다. 디드로, 루소 등과 백과전서운동을 지원했다.

비트겐슈타인 Ludwig Wittgenstein, 1889~1951 영국의 철학자. 영국 맨체스터 대학에서 수학의 철학적 기초에 관심을 갖고 『철학적 탐구』를 집필했으며 케임브리지 대학의 교수를 역임하기도 했다. 철학의 임무를 언어비판 및 명제의 의미 확립에 한정시켜 현대의 허무주의자로 일컬어진다.

사르트르 Jean Paul Sartre, 1905~1980 프랑스의 철학자. 수필가이자 소설가인 실존주의 사상의 대표다. '인생은 BBirth와 DDeath 사이의 CChoice다'는 말을 남겼다. 소설로는 『구역질』, 『벽』 등이 있으며 『상상력』, 『존재와 무』, 『실존주의는 휴머니즘이다』의 철학서를 남겼다.

상앙 商鞅, BC 390~BC 338 고대 중국의 사상가. 진秦 나라의 유학자이며 법가를 대표하는 정치가다. 『오가작통법』의 창시자이며 노비 제도의 폐지를 동양 최초로 주장했다.

손자 孫子, 생몰년도 미상 중국 춘추시대의 전략가. 지피지기知彼知己, 백전불태百戰不殆라고 하여, "남을 알고 자신을 알면 백번 싸워도 위태롭지 않다"는 문장으로 유명한 그의 병서 『손자병법』은 병서로뿐만 아니라 국가경영의 방법, 승패의 기미, 인사의 성패 등의 내용을 다룬 책으로 평가받는다.

소옹 邵雍, 1011~1077 중국 송宋 나라의 사상가. 도가 사상의 영향을 받은 학자이자 시인. 유교의 역철학易哲學을 발전시켜 독특한 수리철학數理哲學을 만들었다.

송견 宋鈃, BC 390~BC 305 고대 중국의 사상가. 인간의 욕망은 본질적인 것이 아니라 사회로부터 만들어진 허구라고 주장했다. 전쟁을 막기 위해선 '허구의 욕망'을 제거해야 한다고 보았다.

순자 荀子, BC 298~BC 238 중국 전국시대의 사상가. 맹자의 성선설에 대하여 성악설性惡說을 주장했다. 서민들이 직분에 따라 일하고 만족하는 '군거화일群居和一'의 질서를 지향했다.

스피노자 Baruch de Spinoza, 1632~1677 네덜란드의 철학자. 18세기 계몽주의와 17세기 철학의 합리주의자로 일원론적 범신론을 주장했다. "내일 지구의 종말이 온다 할지라도 나는 오늘 한 그루의 사과나무를 심겠다"라는 명언을 남겼다.

아감벤 Giorgio Agamben, 1942~ 이탈리아의 철학자. 프랑스 파리의 국제철학원과 마체라타 대학, 베로나 대학을 거쳐 2003년부터 베네치아 건축대학 디자인 예술학과와 철학과 교수로 재직하고 있다. 인간을 '말하는 동물'로 정의한 저서 『호모사케르』로 주목받았다.

아도르노 Theodor Wiesengrund Adorno, 1903~1969 독일의 사회학자, 철학자이며 동시에 피아니스트, 음악학자, 작곡가다. 프랑크푸르트학파 1세대를 대표하는 학자로 『미학이론』, 『신 음악의 철학』 등의 저서가 있다.

아르킬로코스 Archilochus, BC 680~BC 645 고대 그리스의 시인. 파로스 태생의 전사이자 시인이다. 전설과 신의 이야기가 주류이던 시대 분위기에서 벗어나 자신의 감정과 생각을 노래한 시인이었다.

아리스토텔레스 Aristotle, BC 384~BC 322 고대 그리스의 철학자. 플라톤의 제자이며 알렉산더 대왕의 스승이었다. 논리학의 기초를 세우고 법률과 도덕 연구에도 몰두했다. 스승 플라톤이 관념론적 이상주의자라면 그는 경험론적 현실주의자로 대비된다.

알랭 바디우 Alain Badiou, 1937~ 프랑스의 철학자. 프랑스 철학의 주류를 벗어난 신新플라톤주의자다. 저서로는 『존재와 사건』이 있다.

야콥슨 Roman Jakobson, 1896~1982 미국의 언어학자. 프라하학파의 창시자로 언어학을 통한 현대 구조주의 사상에 큰 영향을 끼쳤다.

양주 楊朱, BC 440~BC 360 고대 중국의 사상가. 생명이 가장 중요하며 무엇이든 나를 위해서 해야 한다는 위아설爲我說을 주장해 극단적인 개인주의로 평가받는다.

에드워드 사이드 Edward Said, 1935~2003 미국의 문학평론가. 팔레스타인 출신으로 미국 프린스턴 대학을 졸업하고 하버드 대학에서 박사학위를 받았다. 서구인들의 동양관을 비판해 온 학자다. 컬럼비아 대학 영문학과 비교문학 교수를 역임하고 미국 학술원에서 문명비평가로 활동했다. 저서로는 『오리엔탈리즘』 등이 있다.

에피쿠로스 Epikuros, BC 342~BC 271 고대 그리스의 철학자. 행복하고 평온한 삶을 철학의 목적으로 하는 에피큐어니즘학파의 창시자다.

에픽테토스 Epikouros, 50~135 고대 그리스의 철학자. 스토아학파의 대표적인 철학자다. 스토아 철학은 세계는 이성적으로 구성되며 불변하는 법칙에 따라 질서가 있기 때문에 질서의 일부로서 인간도 자연의 질서에 따라 살아가야 한다고 주장했다. 『담화록』과 『엥케이리디온』 등의 저서가 있다.

왕수인 王守仁, 1472~1528 중국 명明 나라의 사상가. 인간은 본디 따뜻한 마음을 가지고 있으므로 심정心情에 의지하여 행동하는 것이 옳은 길이라고 주장하는 양명학陽明學의 시조다.

왕충 王充, 27~104 중국 후한後漢 시대의 사상가. 당대에 지배적인 사상인 천인상관설天人相關說을 부정하고 비판했으며 자연현상은 기氣의 작용에 의해 필연적으로 일어난다는 유물론을 주장했다.

육구연 陸九淵, 1139~1192 중국 송宋 나라의 사상가. 이理는 사물에 내재하는 것이 아니라 나의 마음속에 있다는 심즉리心卽理를 주장했다.

이지 李贄, 1527~1602 중국 명明 나라 사상가. 이름 바꾸기를 좋아해 무려 27개의 호를 가졌다. 주자학朱子學과 양명학은 물론 노장과 선종, 제자백가와 기독교, 회교까지 두루 섭렵하여 중국 근대 남방문화를 대표하는 인물이다. 유가의 정통사관에 도전하는 『장서』와 경전을 새롭게 해설한 『사서평』을 집필했다.

임제 臨齊, 1549~1587 조선의 시인. 조선 중기 명문장가이자 문신이다. 황진이 무덤을 지나며 읊은 "청초 우거진 골에……"로 시작되는 시조와 기생 한우와 화답한 시조 『한우가』가 유명하다.

자크 데리다 Jacques Derrida, 1930~2004 프랑스의 철학자. 해체주의 철학자로 '해체'와 '차연'의 개념으로 서양철학이 형이상학적인 확실성이나 의미의 근원을 모색해 왔음을 비판하며, 해체를 통한 언어의 분석으로 서양철학의 기본 개념을 재검토하려 했다.

자크 라캉 Jacques Lacan, 1909~1981 프랑스의 정신분석학자. 프로이트의 나르시시즘 이론의 재구성인 거울 단계Mirror stage 이론으로 주체의 상태에 대한 철학적 반영에 큰 영향을 미쳤다. 라캉에 따르면 자아는 자신이 아닌 이미지와 동일시한 결과다.

자크 랑시에르 Jacques Rancière, 1940~ 프랑스의 철학자. 저서로는『무지한 스승-지적 해방에 대한 다섯 가지 교훈』, 『문학의 정치』 등이 있다.

장 바티스트 드 브아예 Jean-Baptiste de Boyer, 1704~1771 프랑스의 철학자.

장자 莊子, BC 369~BC 289 중국 전국시대의 사상가. 제자백가 중 도가의 대표적 인물로 노자 사상을 계승했다. 나비가 되어 자유롭게 날아다니는 꿈을 꾼 뒤 "내가 꿈을 꾸고 나비가 된 것인지 나비가 꿈을 꾸고 지금의 내가 되었는지 모를 일이다"라고 말했다는 호접몽은 그가 주장한 만물일원론萬物一元論의 대표적인 예다.

장재 張載, 1020~1077 중국 송宋 나라의 사상가. 성리학의 기초를 닦은 학자로『장자전서』를 남겼다.

정이 程頤, 1033~1107 중국 송宋 나라의 사상가. 이理를 우주의 근원으로 보고 절대선을 부여하여 인간성을 이理로 보는 새로운 성선설을 제기했다.

정호 程顥, 1032~1085 중국 송宋 나라의 사상가. '이기일원론理氣一元論', '성즉이설性卽理說'을 주창했다. 동생 정이와 함께 주자에 영향을 주어 주자학을 이루는 데 큰 역할을 했다.

제임스 William James, 1842~1910 미국의 철학자. 생물학, 생리학, 화학, 의학, 심리학 등을 연구했다.『심리학의 원리』, 『종교적 경험의 다양성』 등을 출간했다.

주돈이 周敦頤, 1017~1073 중국 송宋 나라의 유학자. 우주생성의 원리와 인간의 도덕원리가 같다고 주장했다. 인의의 도를 지키고 마음을 성실하게 하여 성인이 되어야 한다고 가르쳤다.

주희 朱熹, 1130~1200 중국 송宋 시대 사상가. 주자朱子라는 존칭으로 불린다. 맹자, 공자를 수학하고 주돈이, 정호의 유학 사상을 이어받아 주자학을 창시했다.

질 들뢰즈 Gilles Deleuze, 1925~1995 프랑스의 철학자. 철학, 문학, 영화, 예술 분야에서 영향력 있는 작품들을 썼다.『자본주의와 정신분열 : 안티-오이디푸스』, 『천의 고원』, 『차이와 반복』, 『감각의 논리』 등이 있다.

칸트 Immanuel Kant, 1724~1804 독일의 철학자. 초기에는 합리론에 심취했으며 이후 합리적 형이상학에 회의를 품고 영국 경험론자, 흄David Hume으로부터 많은 영향을 받았다. 그는 행위의 결과보다는 행위의 동기를 중요하게 생각해 어떤 결과를 얻기 위함이나 목적을 달성하려는 수단으로서의 명령이 아니라 명령 그 자체로 목적인 무조건적인 명령을 도덕법칙으로 제시했다. 그의 대표적인 저서『순수이성비판』은 인간의 이론적 이성의 본성과 한계에 대해 설명하고 있다.

칼 슈미트 Carl Schmitt, 1888~1985 독일의 정치학자. 1933년 베를린 대학의 교수가 되고, 같은 해에 나치당에 입당해 제2차 세계대전이 끝날 때까지 당원으로 활동했다. 법과 정치질서는 주권적 권위자의 '결단'에 의해 정당화될 수 있다는 결단주의決斷主義를 주장했다. 그의 주권에 대한 저작은 헌법제정권력과 의회주의 분석 등에 오늘날에도 시사하는 바가 크다. 주요 저서로는 『독재론』, 『헌법론』 등이 있다.

크립키 Saul Kripke, 1940~ 미국의 철학자. 언어와 수학적 재능을 살려 분석철학에서 큰 업적을 남겼다. 그는 '가능세계 의미론'을 고안해 참인 진술의 가능성과 필연성을 수학적으로 증명해내고 『이름과 필연』을 통해 분석철학 안에서 형이상학적 탐구에도 업적을 남겼다. 현재 프린스턴 대학 명예교수로 재직하고 있다.

클라스트르 Pierre Clastres, 1934~1977 프랑스의 인류학자. 클라스트르는 남미의 수장제 사회首長制社會 분석을 바탕으로 국가의 발생이 경제적 층위가 아닌 정치적 층위에서 이루어졌다고 주장했다. 문명사회와 원시사회를 구분하는 가장 큰 기준은 권력 사회에 의한 통제 여부라며 원시 사회에는 권력의 독점을 막기 위한 장치와 철학이 존재한다고 말했다.

키에르케고르 Søren Kierkegaard, 1813~1855 덴마크의 종교 사상가. 실존주의 사상의 선구자다. 헤겔의 관념론과 당시 덴마크 루터교회의 무의미한 형식주의에 반대해 신앙의 본질과 결정의 순간에 개인이 직면하는 감정을 종교적 문제로 다룬 작품을 만들었다. 무신론적 실존주의자 사르트르와 니체와는 달리 기독교 실존주의자로 평가된다. 철학과 신학, 심리학뿐 아니라 문학에도 많은 영향을 미쳤다.

파스칼 Blaise Pascal, 1623~1662 프랑스의 수학자, 물리학자, 발명가, 철학자, 신학자. 『팡세』는 "인간은 자연 가운데서 가장 약한 하나의 갈대에 불과하다. 그러나 그것은 생각하는 갈대다"라는 문장으로 유명한 파스칼의 책으로, 그의 기독교적 변증이 담겨 있다. 또한 『시골 친구에게 보내는 편지』는 시골에 사는 목사에게 보내는 편지 형식의 책으로 내용의 철학적 의미뿐 아니라 프랑스의 철학자 루소의 문체에 영향을 끼쳤을 정도로 문학적인 가치도 높다.

파울 파이어아벤트 Paul Feyerabend, 1924~1994 오스트리아의 과학철학자. UC 버클리 철학과 교수로 현대 과학철학에 공헌했다. 과학이 권력과 손을 잡아 행정, 교육, 정치 등 사회 전반에 걸친 규제에 이용되는 것을 비판하며 다양성과 개인의 자유로운 선택이 존중받는 민주적 상대주의를 추구했다. 그는 모든 지식이 동등하게 취급받는 사회를 이상적으로 생각했다.

페터 슬로터다이크 Peter Sloterdijk, 1947~ 독일의 철학자. 뮌헨 대학에서 철학, 독문학, 역사학을 공부하고 함부르크 대학에서 현대 자전문학의 철학과 역사에 관한 연구로 박사학위를 받았다. 현재 카를스루에 조형대학의 교수다. '시대는 온통 냉소적이 되었다'는 명제로 대표되는 그의 철학적 사유를 담은 『냉소적 이성 비판』은 냉소주의가 우리의 시대정신이라는 점과 현상, 냉소주의와 계몽주의의 관계에 대해 말하고 있다.

포경언 鮑敬言, 생몰년도 미상 중국 진晉 나라의 사상가. 노장사상을 바탕으로 군주제도를 비판했다. 사회의 혼란과 국민이 굶주리는 원인을 군주라고 보고 군주가 없는 소국과민小國寡民을 주장했다. 이는 원시시대를 이상화하여 사회발전의 필요성을 간과한 것으로 비판받았다.

폴 드 만 Paul de Man, 1919~1983 벨기에의 문학가. 브뤼셀 자유대학에서 화학과 사회과학 공부했다. 제2차 세계대전 중 일간지 〈르 스와르〉에서 문예 분야 기자로 활동했다. 예일 대학에서 비교문학을 강의했으며 '미국에서의 해체' 운동에 주도적인 역할을 했다. 저서로는 『이론에 대한 저항』, 『맹목적 통찰』, 『읽기의 우의』, 『낭만주의의 수사학』 등이 있다.

폴 리꾀르 Paul Ricoeur, 1913~2005 프랑스의 철학자. 소르본 대학에서 박사학위를 받고 스트라스부르, 소르본, 루뱅, 파리 10대학 등에서 교수로 재직했다. 해석학과 신학 분야에서 인정받는 철학자다. 텍스트는 저자의 의도와 독자들에 의존하지 않으며 독자가 텍스트의 의미를 결정한다고 주장했다. 주요 저서로는 『악의 상징』, 『성서 해석학』, 『하나님의 상징 : 종교, 설화, 상상력』 등이 있다.

푸코 Michel Foucault, 1926~1984 프랑스의 철학자. 콜레즈 드 프랑스 교수로 재직했다. 다양한 사회적 기구에 대해 비판했는데, 특히 정신의학, 의학, 감옥의 체계에 대한 비판과 성의 역사에 대한 사상을 통해 알려졌다. 서양문명의 핵심인 합리적 이성에 대한 독단을 비판하며 소외된 비이성적 사고, 광기의 진정한 의미와 역사적 관계를 파헤쳤다. 주요 저서로 『광기와 비이성-고전시대에서의 광기의 역사』, 『임상의학의 탄생』이 있다.

프로이트 Sigmund Freud, 1856~1939 오스트리아의 정신과 의사. 무의식과 억압의 방어기제에 대한 이론과 환자와 대화를 통해 정신 병리를 치료하는 정신분석학적 임상 치료 방식을 창안했다. 또한 성욕을 인간의 동기부여 에너지로 규정하고 꿈을 통해 무의식적 욕구를 관찰하는 치료기법으로 유명하다. 그의 이론은 저서 『꿈의 해석』과 『일상생활의 정신병리』, 『성 이론에 관한 3편의 평론』 등에 정리되어 있다.

프루스트 Marcel Proust, 1871~1922 프랑스의 소설가. 20세기 최고의 소설로 일컬어지는 『잃어버린 시간을 찾아서』의 작가다. 『잃어버린 시간을 찾아서』의 첫째 권 「스완 댁 쪽으로」는 1913년에 발간되었으나 주목을 끌지 못하다 둘째 권 「꽃핀 처녀들의 그늘」로 1919년 콩쿠르상을 수상했다.

피터 싱어 Peter Singer, 1946~ 오스트리아의 철학자. 실용윤리 전문가로 현재 미국 프린스턴 대학의 생명윤리학과 교수다. 그의 저서 『동물해방』은 '종種 차별'이라는 용어를 대중화시켰는데 인간 외에 고통을 느끼는 모든 동물의 이익도 고려되어야 한다고 주장. 동물보호 운동을 하는 사람들의 지침서로 알려져 있다. 다른 저서로는 『실천윤리학』, 『죽음의 밥상』 등이 있다.

하이데거 Martin Heidegger, 1889~1976 독일의 철학자. 후설의 현상학, 아리스토텔레스의 존재론 등의 영향을 받아 현존재의 존재 의미를 탐구하는 실존적 철학을 수립했으며 이는 대표작 『존재와 시간』을 통해 드러난다. 후기에는 존재의 망각이 극단에 이른 오늘의 기술시대를 비판하며 이론에 앞서 존재를 상정하는 탐구가 이루어져야 한다고 주장했다. 후기 저작에는 『철학에의 기여』, 『기술에 대한 물음』 등이 있다.

헤겔 G. W. F. Hegel, 1770~1831 독일의 철학자. 독일의 관념주의 철학자. 칸트의 철학에서 출발해 이를 마무리한 것으로 평가된다. 이념과 현실의 이원론을 극복하여 일원화하고, 변증법적 과정을 통해 정신이 자연, 역사, 사회, 국가 등으로 현실이 되어가는 체계를 정리했다. 주요 저서로 『정신현상학』, 『논리학』, 『미학 강의』 등이 있다.

혜능 慧能, 638~713 중국 당唐 나라의 선승. 중국 선종의 제6조이며 육조대사로 불린다. 선종의 제5조인 홍인으로부터 의법을 받았다. 그의 설법을 모은 『육조단경六祖壇經』이 있다.

호르크하이머 Max Horkheimer, 1895~1973 독일의 철학자. 프랑크푸르트학파의 지도자. '전통적인 이론'이 이론 내부의 정합성과 기술적인 유효성에만 관심을 갖는 것을 비판해 '비판적인 이론'을 주장했다. 이론적인 작업은 사회적인 과정이며, 개인적인 의식 속에도 사회적인 힘이 작용하고 있다고 주장. 사회의 총체적인 과정의 구조 분석을 목표로 삼았다. 저서로는 『계몽의 변증법』, 『이성의 상실』 등이 있다.

화자 華子, 1890~1947 중국의 불교 지도자. 종교, 정치, 교육 분야에서도 활약했다. 불교 개혁을 통해 불교 부흥을 이끌었으며 중국 불교 3종 혁명-조직, 재산, 학리를 제창했다. 저서로 『타이쉬대사전서太虛大師全書』가 있다.

후설 Edmund Husserl, 1859~1938 독일의 철학자. 존재나 개인의 주관에서도 의식에 드러나는 그대로의 '순수의식' 탐구로 현상학을 제창했다. 이는 하이데거, 사르트르, 메를로 퐁티 같은 실존주의 철학자들에게 큰 영향을 주었다. 저서로 『산술철학』, 『논리연구』, 『순수 현상학과 현상학적 철학의 이념들』, 『데카르트적 성찰』 등을 남겼다.

흄 David Hume, 1711~1776 영국의 철학자. 인과론은 습관에 의해 귀납적으로 이루어진 개연성에 불과해, 원인과 결과에 대한 원칙은 먼저 있지 않으며 그에 대한 체험이 인과론이라는 개연적인 법칙을 만들었다고 보았다. 사람들이 외부대상이 존재한다고 믿는 원인과 결과가 필연적으로 연결되어 있다고 믿는 이유에 대해 경험적 원리를 들어 설명해 완화된 형태의 결론적 회의론자로 평가받는다.

철학자, 철학을 말하다
the Philosopher says

초판 1쇄 인쇄 2013년 6월 3일
초판 1쇄 발행 2013년 6월 12일

엮은이 강신주
펴낸이 김영범
펴낸곳 토트 · (주)북새통

편집주간 김난희
편집 정수미
마케팅 김병국, 추미선
관리 최보현, 남재희

디자인 su:

주소 서울시 마포구 서교동 465-4 광림빌딩 2층
대표전화 02-338-0117
팩스 02-338-7161
출판등록 2009년 3월 19일 제 315-2009-000018호
이메일 thothbook@naver.com

ⓒ 강신주, 2013

ISBN 978-89-94702-27-8 03100

잘못된 책은 구입한 서점에서 교환해 드립니다.